新文科·人文社科学术文库

Analysis and Reconstruction of the Markers with
Textually Supportive Functions in a Speech Act Perspective
Theory and Examples

# 语篇功能标记在言语行为视域下的分析与重构

## 理论与实例

东文娟 ◎ 著

上海财经大学出版社
上海学术·经济学出版中心

**图书在版编目(CIP)数据**

语篇功能标记在言语行为视域下的分析与重构：理论与实例 / 东文娟著. -- 上海：上海财经大学出版社，2025.4. --（新文科·人文社科学术文库）. -- ISBN 978-7-5642-4609-9

Ⅰ．H1

中国国家版本馆 CIP 数据核字第 2025ED9184 号

本书由上海财经大学中央高校双一流引导专项资金、中央高校基本科研业务费资助出版

□ 责任编辑　李嘉毅
□ 封面设计　贺加贝

### 语篇功能标记在言语行为视域下的分析与重构
#### 理论与实例
东文娟　著

上海财经大学出版社出版发行
(上海市中山北一路 369 号　邮编 200083)
网　　址：http://www.sufep.com
电子邮箱：webmaster@sufep.com
全国新华书店经销
上海华业装璜印刷厂有限公司印刷装订
2025 年 4 月第 1 版　2025 年 4 月第 1 次印刷

710mm×1000mm　1/16　11.5 印张（插页：2）　198 千字
定价：58.00 元

# 致 谢

本书是在我的博士学位论文的基础上修改形成的。特别要感谢我的导师胡范铸教授和论文答辩委员会李宗江教授、吴勇毅教授、陈昌来教授、黄锦章教授、张豫峰教授的指导。

本书得以出版,要大力感谢上海财经大学基金资助和上海财经大学出版社的支持。在成书过程中,还要感谢我的家人、师友、同事的帮助,特别感谢我的爱人曹晨晓先生。

# 序

## 新言语行为分析视域下"标记"研究的新发展

东文娟博士的《语篇功能标记在言语行为视域下的分析与重构：理论与实例》付印在即，本书从"新言语行为分析"理论视角出发，对语言学界热议的"标记"问题做出了新的、系统性的阐述，可以说是汉语"标记"研究的一个新的重要成果，不但有助于重新思考"标记"研究的理论与方法，而且为"标记"现象的教学提供了不小的助益。

"话语标记"是近三十年来汉语研究的一大热点，不过，也出现了很多问题，其中，既有对具体的语言现象如何解释的差异，也有对既有的术语范畴定名的分歧，更有对理论的逻辑过程如何构建的争议。例如，"究竟什么是标记""标记概念的上位范畴是什么""标记是否只有语篇功能、人际功能"等，或众说纷纭，或语焉不详。

对此，我依据本人提出的"新言语行为分析"理论，提出：

第一，所谓"语言学"是一组依据对于"语言"的不同假设而展开的研究范式，在这里，"语言"既可以被设定为一种"符号体系"，也可以被设定为一种"社会制度"，还可以被设定为"行为过程"等。传统的语用学、修辞学、话语分析其实都是基于"行为过程"假设的语言学，这一研究范式的基本问题就是"人类如何以言语行为来实现自己的意图"。

第二，所谓"言语行为"，就是"某行为主体在一定的人际框架和语境条件中，根据自己的基本价值和当下意图，构建出一个语篇，借助一定的媒介，使得另外的行为主体做出有关联的反应这样一种游戏"。由此可以认识到：任何言语行为都是一定"主体"的行为，任何言语行为都离不开一定的"语境"，任何言语行为都必然包含一定的"意图",任何言语行为的意图都必然借助一定的"语篇",任何言语行为的语篇过程都必须遵循一定的"规则"。"言语主体""语境参数""意图类型""语篇过程""规则系统"构成了"新言语行为分析"的五大基本范畴。

第三,对于"语篇过程",学界通常只关注具体的"文本"或者类似"新闻语篇""法律语篇"这样的语篇类型,本人则提出"元语篇"的概念,即"语篇背后的语篇"。这意味着:其一,任何"语篇"都必然承载一定的意图。其二,为了有效实现其意图,说话人会运用各种手段去帮助意图实现,由此,我们可以把一个言语行为分成两个部分来看待,即直接承载"意图"信息的部分和不直接承载"意图"但对于"意图"实现提供"支持性"信息的部分。其中,直接诉求交际意图的部分,可以被称为"意图性子行为";而用来支持交际意图有效实现的部分,可以被称为"支持性子行为"或者说"标记性子行为",也可以称之为"言语行为标记"。概言之,任何"语篇"都会包含一个"元结构"(元语篇),这便是"意图性子行为+支持性子行为",支持性子行为就是在言语行为中为了保证意图实现而提供支持手段的部分,在具体言语行为中,"意图性子行为"与"支持性子行为"都可能采取"零形式"。其三,韩礼德曾经提出语言有三大"元功能",即概念功能、人际功能和语篇功能。学界通常认为"标记"只能体现"语篇功能""人际功能";但本人则提出,语篇的"支持性子行为"(或者说所谓"言语行为标记")并非只有两类,而是包括三类,即"概念支持性子行为""语篇支持性子行为""人际支持性子行为",分别用来支持"命题的成立""语篇的构成""人际的互动"。

东文娟是我的博士生,本书正是在她的博士论文《汉语"语篇支持性"言语行为标记研究》的基础上修改、充实而形成的。通读全书,可以看到其主要贡献如下:

一是在韩礼德"语言三大元功能"理论和"新言语行为分析"理论的基础上,提出"语篇功能标记"的概念,并将其明确定义为"在语篇的构成、衔接和连贯上构建同一性和解释性的标记性成分",这就把原来似乎"漂浮不定"的"话语标记"范畴转化为一个具有明确上位概念的范畴。

二是根据"新言语行为分析"理论中"任何言语行为都可以分为动作层(说)和语义层(所说)"的思想,将语篇功能标记做了进一步区分,提出语篇功能标记也包括"动作层"和"语义层"两类:一方面言语行为是以言行事,是一种动作活动,标记是对行为活动的衔接-连贯的支持,即动作层支持;另一方面,言语行为的结果呈现的语篇是一个语义完整的统一体,标记在内容方面表现出衔接-连贯的支持即语义层支持。由此需要在动作层和语义层两个层面上去考察标记的语篇支持功能。进而，本书又将动作连贯标记分为三个方面加以考察，按照"说"的过程分为言谈起始标记、言谈持续标记、言谈结束标记；将语义连贯标记分为五个方面加以考察，即语义逻辑关系标记、语义阐释标记、时间顺序标记、语义填充标记和话题连贯标记。每类中又有细分。这样的分类使得本书的体系更具内在逻辑性和一致性，也与顶层理论保持了一致。

三是本书切切实实地描写了两百余条标记的语篇功能，并结合具体的语境实例做了详细分析和重新归类。这里对具体标记的描写并非常见的一个个或一组组讨论，而是放在一个清晰的系统性框架中展开，这就为认识和把握数量如此众多的这类语言形式提供了相当程度的方便。

当然，作为这个专题的研究，本书仍有很多未尽之处，如对兼有语篇、人际、概念三大功能或语篇兼人际、语篇兼概念功能的兼类标记尚未进行更详尽的考察和分析，对某些相似个案之间的区别未能做出更多比较和说明等。希望东文娟能坚持严谨求实的学风，在未来把这个专题做下去。

预卜文娟取得更大的学术成就。

胡范铸

中国修辞学会执行会长

上海市语文学会会长

2025年3月1日

# 前 言

在日常语言交际尤其是口语中,我们常常会听到、见到、用到以下划线部分的"语言成分",例如:

(1) 你这个败类,我告诉你,骗得人一时,纸里却包不住火。你这样破坏,要倒霉的!
(2) 不是我说你,你这样做太没礼貌了。
(3) 我妈妈是那样一种人,怎么说呢,是个地道的有中国特色的妈妈。她总希望我能跟别人一模一样地生活。
(4) 对于"十八线"小城镇的人来说,"成名"这两个字离他们是那么遥远,成为电影明星更是遥不可及。
(5) 我当时并没发现你带了帮手,话又说回来,有帮手也不怕,我一个人就是一支队伍。
(6) 我的意思是,嗯,啊,这个,你能不能别再迟到了?

画线部分的这些语言成分构成形式多样,有词、短语、结构、小句等,在我们的语言生活中被广泛使用。英语中也有类似语言现象,如"well""you know""in other words"等。英语世界的学者们从 20 世纪中叶起就开始了对这类语言成分的研究,范围主要涉及连词(and、but、however 等)、副词(actually、frankly 等)、感叹词(well、oh、uh 等)、短语(you know、I mean 等)以及小句(I think、I guess 等)等。

可以看出,这些语言成分在构成上具有多样性,是一个边界不甚清晰的模糊群体,内部并不匀质,个体与个体间的差异性很强。长久以来,人们对它们的认识既不清晰也不统一,因此研究背景各异的学者们对于这些语言成分从不同的角度进行了研究,用不同的名称来指称它们,如"外接语标记"(disjunct markers)、"线索词"(clue words)、"策略语"(gambits)、"元言谈"(metatalk)等。[1]

---

[1] 殷树林.现代汉语话语标记研究[M].北京:中国社会科学出版社,2012:3-4.

传统的语言学研究中有"独立成分""插入语"这样的叫法,它们被看作语言交际中的赘余成分,并不受重视。后来受到国外语言学思潮的影响,国内语言学界也开始重新考察和分析这类语言成分,从新的视角着手的研究也日渐得到发展。人们逐渐提出"小品词""线索词""话语标记""话语标记语""语用标记""元话语""语篇关联语"等几十种不同名称来指称这一语言现象。

基于如上现状,我们提出:

**问题一**:这样的语言成分到底应该如何命名及定义?

指称此类现象的名称、术语繁复多样。我们知道,语言学上的任何命名都是关于对象某种属性的揭示(胡范铸,2015)。不同的命名反映了研究者对这类语言现象所具有的属性的认识各异。关于这类语言现象究竟该如何认识,进而描写,已有的研究或从语法学出发,或从语用学出发,或从其他视角出发对其进行命名,术语多达三四十种。拿使用最为广泛的"话语标记"来说,这一术语到底覆盖了哪些范围,它的边界又在哪里?话语标记与语用标记、元话语等有什么样的联系和区别?是对同一事物的不同命名吗?话语标记与传统的独立成分、插入语、连接词等也有很多相似处,那么它们各自涵盖范围的重合处、区别处为何?这样的命名是否反映了语言现象的本质特征?其上位概念是什么?能否做出进一步的下位划分和拓展?是否有相关理论框架的支持?这些问题都是由命名而产生的一系列理论命题,值得我们进一步探究。

**问题二**:这样的语言现象所包含的内容庞杂,能否进一步分类、应该如何分类、分类依据为何?

分类研究是对这种语言现象内部属性的进一步研究和探索。以往的研究中,不同学者对之进行了各种各样的分类。少的分为两类,如 Hyland(1998)将其分为语篇功能和人际功能两类,李秀明(2006)也把汉语学术论著语篇中的元话语分为语篇功能和人际功能两类;多的多达十几类甚至更多。何以有如此纷繁各异的分类方法?他们的分类标准是什么?是否有逻辑性、关联性?所分出的类别是不是处在同一层次上?有没有一种分类方法能够在覆盖各家分类的同时相对简单明晰且能与某一理论模型相互配合从而形成一种连贯性?

由此我们提出**问题三**:对于这类语言现象,是否可以形成系统性、理论性的研究?

目前,对这类语言现象(通常称之为"话语标记")的研究视角非常多,研究者从共时、历时维度展开了多角度研究,例如从主观性、主观化、翻译、功能、形成机制、演变、语料库、刑事审判、认知、心理、社会语言学、韵律特征、文化模因、教学等方面切入研究。其中相当一部分研究是针对话语标记的个案描写或是针对某一具体类别的分析，如"坦言"类、"说"类等。这些研究仍处于碎片化的状态。如何从理论上宏观地、系统性地对其进行整合以形成一个逻辑清晰的分类系统？

基于以上三个问题，我们拟对这类语言现象重新认识、命名、描写、分类，试图使之与某理论模型相配合，更系统化、理论化、体系化地认识这一问题。

本书从言语行为视角出发对语言学界讨论已久的这类具有语篇功能的标记做出全面、系统的分析和整理，探讨其是如何在语篇连贯性和同一性方面发挥作用的。我们提出了一个全新的概念术语——"语篇支持性"言语行为标记，即语篇功能标记。这一概念术语是为了解决目前研究中存在的问题而提出的。接下来，我们会从研究现状中的问题出发，回顾这一领域备受学者关注的研究角度和已达成的共识，在此基础上确定我们的研究视角和理论基础，并提出研究方案，以期对现存的问题做出回应。

作　者<br>
2025 年 3 月

# 目 录

第一章　研究背景 ········································································ 1
　第一节　研究综述 ···································································· 1
　第二节　理论基础 ·································································· 11
　第三节　研究方案 ·································································· 19

第二章　核心概念 ······································································ 25
　第一节　言语行为、标记性子行为、言语行为标记 ················· 25
　第二节　"语篇支持性"言语行为标记 ····································· 29
　第三节　小结 ········································································· 33

第三章　基于功能的"语篇支持性"言语行为标记分类系统 ········· 35
　第一节　标记性成分的功能及分类研究概述 ·························· 35
　第二节　"语篇支持性"言语行为标记分类体系 ······················ 43

第四章　语义连贯：言语行为语义连贯标记 ······························ 48
　第一节　语义逻辑关系标记 ··················································· 49
　第二节　语义阐释标记 ·························································· 72
　第三节　时间顺序标记 ·························································· 92
　第四节　语义填充标记 ························································ 101
　第五节　话题连贯标记 ························································ 110
　第六节　小结 ······································································· 122

**第五章　动作连贯：言语行为动作连贯标记** ·············· 126
　　第一节　言谈起始标记 ······································ 129
　　第二节　言谈持续标记 ······································ 135
　　第三节　言谈结束标记 ······································ 142
　　第四节　小结 ·················································· 145

**第六章　结语** ······················································ 148

**参考文献** ···························································· 154
**附录** ································································· 170

# 第一章
## 研究背景

## 第一节 研究综述

### 一、关于标记性成分基本属性的研究

(一)命名溯源

在汉语中有这样一类语言成分①,从语言形式上看,有词、短语、构式、小句等,如"哎哟""对了""那可不是""简单地说""遗憾的是(A 的是)""让我说你什么好呢"等,广泛存在于汉语的语言使用中,请看如下例子:

(7)"老王啊,不是我说你,这次你可成了近视眼啦!"(王昌定《山村一瞥》)

(8)人人知道要养成某种习惯,非常常练习不可;换句话说,若是练习不充分,则难成习惯。(李相《训育论》)

(9)别误会,我是说,我怕不能很好地照应她老人家。(苏叔阳《左邻右舍》)

以上例句中的画线部分,"不是我说你""换句话说""我是说"等在传统研究中是作为"插入语"或者"独立成分"来认识的。胡裕树和林祥楣主编的《现代汉语》中使用"插入语"这个术语,所表达的概念范畴在黄伯荣、廖序东和邢福义主编的《现代汉语》中使用"独立语"这个术语来表达。在黄廖本和邢本主编的《现代汉语》中,独立语是一个上位概念,插入语是其下的分类之一。独立语或者插入语,从名称来看,研究着眼于一个句子,是从句法结构的角度出发来命名,重点在于对句法成分进行分析。

目前,国内和国际上针对这类语言现象使用最广泛的名称是"话语标记"

---

① 由于各家对这类语言现象的命名不同,名称复杂多样,因此为了称说方便,我们用"标记性成分"来泛指类似以前人"话语标记""语用标记"等称说的对象。

(discourse markers),这一名称最早可以追溯到20世纪中叶。伦道夫·夸克(Randolph Quirk)在1953年的讲座中首次提出像"you know""you see""well"等这些词语的特殊之处。它们看似对话语信息交流没有起到什么作用,但在交际中是不可或缺的部分。话语标记作为一个特殊的类别被人们逐渐认识并重视起来。

自20世纪70年代以来,话语标记对话语理解的作用逐渐受到人们的重视,同时受到语用学、认知语言学发展的影响,学界越来越关注它们对话语产生的影响。过去人们认为在交际中可有可无的部分,其在语用层面的作用越来越引发学者们的探究之心。

话语标记的内部组成成分是丰富多样的,它是一个边界不甚清晰的模糊群体,内部并不匀质,个体与个体间的差异性很强,长久以来,人们对它的认识既不清晰也不统一,因此对这类成分该如何命名成了一个经久不衰的话题。

在英语中,话语标记涉及的范围很广,从词类上说,像连词(如and、therefore、but等)、副词(如incidentally、luckly等)、感叹词(如oh、well等)、短语(如I mean、you know、as a consequence等),以及小句(如I think、I pray等)等都包括在内。

从名称上可以看出,"话语标记"的称法着眼于话语,是就语篇而言的,并不局限于句子或句法,也不是静态地分析句法成分,而是出于言语交际行为的需要,从语用的角度出发去考察和分析其在言语行为中的作用。

研究背景各异的学者从不同的角度出发去命名,产生了很多不同的名称,如"外接语标记""线索词""策略语""元言谈"等。在国外研究文献中,与discourse markers相同或相近的"话语标记"命名有三十余种(周明强,2016)。

徐赳赳(2010)对国外研究中出现的名称做过统计,详见表1-1。

表1-1 "话语标记"家族称谓表(discourse markers除外)

| 称　　谓 | 代　　表 |
| --- | --- |
| cue phrases | Knott and Dale, 1994 |
| cue words | Rouchota, 1996 |
| discourse connectives | Blakemore, 1987;1992;2002 |

续 表

| 称　谓 | 代　表 |
| --- | --- |
| discourse cues | Oberlander and Moore, 2001 |
| discourse operators | Redeker, 1990; 1991 |
| discourse particles | Schourup, 1985; 1999 |
| discourse signaling devices | Polanyi and Scha, 1983 |
| disjuncts | Quirk *et al.*, 1972; 1985 |
| phatic connectives | Bazanella, 1990 |
| pragmatic connectives | van Dijk, 1979; Stubbs, 1983 |
| pragmatic expressions | Erman, 1992 |
| pragmatic formatives | Fraser, 1987 |
| pragmatic markers | Fraser, 1988; 1990 |
| pragmatic operators | Ariel, 1994 |
| pragmatic particles | Östman, 1995 |
| semantic conjuncts | Quirk *et al.*, 1972; 1985 |
| semantic constraints on relevance | Blakemore, 1987 |
| sentence connectives | Halliday and Hasan, 1976 |
| utterance particles | Luke, 1990 |

资料来源：徐赳赳.现代汉语篇章语言学[M].北京：商务印书馆,2010：265.

受国外语言学界研究思潮的影响,国内语言学界也开始重新审视这类语言成分,从新的角度切入的研究日益得到发展。国内研究中出现的命名,大多来源于对国外文献的翻译,常见的有"话语标记""话语标记语""语用标记""元话语""语篇关联语"等十几个不同的名称。

周明强(2016)对不同称说做过统计,详见表1-2。

3

表 1-2　篇名对"话语标记"不同称说的论文统计　　　　　　　　单位：篇

| 类型 | 对"话语标记"的不同称说 ||||||||||  合计 |
|---|---|---|---|---|---|---|---|---|---|---|---|
| | 话语标记 | 话语标记语 | 语用标记 | 语用标记语 | 元话语标记 | 元话语标记语 | 话语标记词 | 标记词 | 标记语 | 标记 | |
| 期　刊 | 260 | 464 | 37 | 39 | 7 | 2 | 9 | 1 | 20 | 28 | 867 |
| 学位论文 | 104 | 442 | 22 | 21 | 4 | 5 | 11 | 0 | 4 | 2 | 615 |
| 论文集 | 24 | 13 | 2 | 0 | 1 | 0 | 0 | 1 | 2 | 0 | 43 |
| 报　纸 | 1 | 0 | 0 | 0 | 0 | 0 | 0 | 0 | 0 | 0 | 1 |
| 合　计 | 389 | 919 | 61 | 60 | 12 | 7 | 20 | 2 | 26 | 30 | 1 526 |

出现这么多不同的名称，除了研究者切入的角度和侧重点不同以外，我们认为还与研究初期人们对话语标记的认识较为模糊，对所研究的对象范围和边界不够清晰有关。一方面，不同的研究者从不同的角度用不同的方法对这类语言成分进行了专门的研究；另一方面，研究者选取的话语标记所包含的范围并不一致，即各自选取了不同的对象进行研究。从根本上说，话语标记本身是一种内涵丰富、功能复杂的语言现象，这就为研究者从多角度进行定义和命名提供了基础。

（二）定义及基本特征

由于人们对此类语言现象的理解、认识不同，命名五花八门，因此未能形成统一定义。

Blakemore(1987)较早提出，可以依据概念意义和程序意义对语篇的意义进行理解，并揭示了两者的区别：语篇中的命题意义、影响语篇真值的部分，属于语篇结构中的概念性成分，而对话语理解的多种可能性做出限定、反映作者的主观态度等有助于进一步理解语篇的成分，则属于语篇结构中的程序性成分。

Schiffin(1987)从更理论性的层面将话语标记定义为一类功能型的言语（和非言语的）装置性成分集合，这些装置性成分为持续性的谈话提供了上下文坐标。其还给出了另一个操作性定义，即话语标记是可以划分出说话单位界线的标记物。

Fraser(1999)参照功能标准重新梳理了话语标记所包含的对象，将话语标记定义为一类主要从连词、副词和介词短语等句法类别中提取出的词汇表达。

除某些特殊情况外,它们表示所引入的段落与先前段落之间的关系。它们的核心意义是程序性的,而不是概念性的,其更具体的解释是由上下文"协商"的,包括语言的和概念的。

Redeker(2006)将话语标记称为"话语操作语"(discourse operators,或译为"话语算子")并给出如下定义:话语操作语指的是一种表达形式,其主要功能是使听话人注意到其所在的话语单元与其直接语境之间的特殊关系。

国内学者董秀芳根据 Schiffrin(1987)、Fraser(1999)、Traugott and Dasher(2002)等的研究,定义如下:话语标记也称话语联系语(discourse connectives),是话语单元之间的连接元素,基本没有概念语义,也不影响命题的真值,它们可以在顺序上连接话语单位,表现出前后话语之间的关系,也包含说话人的观点、立场或者对听话人的态度,并提示了话语单元与其交际语境之间的关系。①

除此之外,冉永平(2000)、莫爱屏(2004)、刘丽艳(2005)等也给出了话语标记的定义。李宗江和王慧兰(2011)认为话语标记的表现形式可以是词、短语或小句,具体语词的形式灵活多变,频繁使用于对话体的口语交谈中,它们本身可能有概念意义,但虚化之后用作话语标记时则游离于句法结构关系之外,作为一种语用表达式,不影响句子的真值,也不再体现概念意义,传统上依据句法上的特点称之为"插入语"或"独立语"。

曹秀玲(2016)在综合前人的基础上,认为话语标记是指说话人在一个特定的语言环境下,为了更便利地向听话人说明自己的意图,以达到使听话人最大限度地理解自己而使用的词、短语或小句。这在口语和书面语中都普遍存在,主要传达程序义而非命题义。

话语标记本身是一种内涵丰富、功能复杂的语言现象,想要对其进行明确的定义是很困难的事情。名称的不同,反映出各家对话语标记认识的多样性,学者们各自站在不同的角度,基于不同的理论和研究范围去定义,自然很难达成一致。不过,人们却从研究中发现了一些属于话语标记的共性特征。

殷树林(2012)在回顾众多分析话语标记特征的文献的基础上,将话语标记的特征归纳为以下五点:从语音上说,它与前后语言单位之间可以有停顿,形成独立的语调单位;从句法上说,它是独立的,常位于句首;从语义上说,它不改变所在语句的命题内容,也不影响其真值条件(除证据标记外),只传递程序性意

---

① 董秀芳.词汇化与话语标记的形成[J].世界汉语教学,2007(01):50.

义；从语用上说，它可对言语交际进行调节和监控，有自反性（reflexity）；从风格上说，它多用于口语。

综上所述，目前学界对话语标记的基本特征达成以下共识：

在句法方面，它与其前后的词语没有句法结构上的关系，具有句法独立性。

在语义方面，它不影响语篇的命题意义，只是对语篇意义的理解有一定程度的引导或限制作用，不影响句子的真值，主要体现程序性意义。

在语用方面，它的功能主要体现在：表现为语篇、语义的衔接，调控会话活动进程，维护参与会话活动的人们之间的人际关系，作为话语的过滤器、延迟技巧，表现说话人所持的态度，与上下文情境关系密切，可以表现说话人的元语用意识等。

## 二、国内外标记性成分的主要研究视角

到2024年为止，以"话语标记"为题名在中国期刊全文数据库（中国知网）进行检索，可见硕士论文九百余篇，以此为主题的博士论文已有一百余篇，众多研究专著相继出版，如刘丽艳的《汉语话语标记研究》(2011)、李秀明的《汉语元话语标记研究》(2006)、殷树林的《现代汉语话语标记研究》(2012)、李治平的《现代汉语言说词语话语标记研究》(2015)、曹秀玲的《汉语话语标记多视角研究》(2016)、孙利萍的《现代汉语言说类话语标记研究》(2017)等。在中国期刊全文数据库以"话语标记"为主题进行检索，得到相关文献3 457篇，可见研究成果极其丰富。这些研究集中但不局限于：（1）从理论层面讨论话语标记的含义、类型、功能、形成机制等；（2）某一类别标记语研究，以某种语言或某方言为依托；（3）个体标记语研究，以某种语言或某种方言为依托；（4）某具体语境中，如某部文学或影视作品、法庭庭审会话、电视节目等涉及的话语标记研究；（5）以英语作为第二语言的学习者话语标记习得研究。我们从历时和共时两个维度来回顾前人的研究成果，共时维度的研究是我们关注的重点。

（一）历时维度研究

历时维度的研究主要关注话语标记的用法是如何通过语法化固定下来，其中经历了怎样的过程。李宗江、高增霞、董秀芳、方梅、颜红菊、冯光武、吴福祥、殷树林等学者都曾撰写过这方面的文章。

李宗江自2004年以来发表了三十余篇相关论文并撰写专著，对话语标记问题进行了广泛、深入、多角度的思考和研究。他的研究涉及很多方面，既有理论

探讨，又有个案分析，在研究时注重探讨话语标记的词义演变和功能变迁，大多从来源上对其进行了考察。

李宗江对"完了""别说""就这样"类指代词语、"关键是""问题是""回头""看你"类话语标记、"为好""的好""这下""Ａ的是""醒悟"类语用标记、"不说""现在"等个案进行了详细考察，揭示其历时演变的途径。

李宗江(2004)认为，"完了"在现代汉语口语中已经虚化为一个具有篇章连接功能的时间副词，探讨了它的虚化机制和虚化历程，认为它的虚化可能在元明时代就已经开始了。在汉语史上如"既"和"已"的意义与"完了"类似，在演化过程中变为表示"然后、以后"义的时间副词，从史料的角度做出证明。他指出事件之间的时间关系是最为基本的关系，其次才是逻辑关系（如并列、转折、因果等），因此，在表达事件之间关系的时候，很多词语会从表达时间关系的意义逐步演变出表达逻辑关系的意义。比如在汉语中表时间的副词"再""就""才"等逐渐演变出表达逻辑关系的语义，"完了"也是如此。

李宗江(2006)讨论了"回头"的词汇化、语法化问题。"回头"本身是一个表身体动作的词组，经历词汇化过程后成为一个时间副词。由于它表示了身体的转动，带来视觉、方向的改变，因此历史上常与视觉相关的动词或者运动、言语动词搭配出现。李宗江(2006)也谈到了"回头"的主观性，提出在现代汉语里"回头"极少用于叙述已经发生的事件的现实句中，而主要用于非现实句或虚拟句中，表示说话人对句子命题的态度，具有主观性。李宗江认为造成这种变化，可能是因为句法演变或者认知隐喻。

李宗江(2010)质疑了在研究话语标记来源问题上的一些观点，如"我说""你看"类由短语、小句演化而来的话语标记，相比于看作"我＋说"的结构，而谈其中"说"的词义演变，作为整体的"我说"来看其言说意义的演变，可以更为合理地对一些现象做出解释。李宗江认为话语标记的演变不是典型的语法化或者词汇化现象，不同于一般实词的词汇化，结果也不同，因此它们也不见得可以达到完全词汇化的程度。

李宗江(2014)质疑了"别说"是经由动词短语→副词→连词→话语标记的先词汇化后语法化的演变路径，用一系列的语料分析论证了"别说"的来源结构不是与之相同形式的连词，而是由短语或小句"不要这样说"直接演变而来，并发现其最早用例见于清代，主要功能是提示听话者注意接收说话者提供的新异信息。在文末，李宗江还借由董秀芳的研究总结了研究话语标记来源时可供参考的研究路径和论证方法。

李宗江(2015)对正在发生的语法化现象进行了探讨,以"就这样"为代表的谓词性指代词语发展出篇章连接成分为例,对其用于连接"过程-结局"和"起因-结果"两种逻辑关系的句子或语段的新用法做了阐释。

高增霞(2011)通过对"X 了"如"算了""完了""好了""行了""罢了"等的研究和对"副词+X"类如"可好""不巧""正巧""最好"等词语的虚化过程的考察,认为汉语中存在从表达评价、判断到表达语气这样一条语法化途径,并指出词义、句式义、功能义是相互作用的。

董秀芳(2003)探讨了"X 说"类词语的词汇化过程。其中的"X"可以是单音节如"心说""再说",双音节如"不用说""没的说",多音节如"具体地说""不管怎么说"等。她按照词类如动词、副词、连词、语气词等对几个具有代表性的"X 说"的功能和用法进行了分析。"X 说"构成的词有实有虚,成词过程是词汇化的,也是语法化的。其中的"说"最初是一个言说义的动词,董秀芳回顾了它在汉语发展史上从具体到抽象的过程,即从言说义虚化为认知义,认为这也是一个主观化的过程。

总的来说,李宗江、董秀芳、高增霞等学者以话语标记的个案为例,着重于厘清其由实在意义的词语发展变化为话语标记的过程,即着重探讨其词汇化、语法化的过程。从历时维度入手研究的重点在于以语料事实为基础追根溯源,摸清话语标记的来源、形成机制和路径,并试图找到合理的原因去解释它们。

(二)共时维度研究

陈彦坤(2017)在回顾话语标记的研究现状时,从三个角度进行了综述,分别是句法-语用、语义-语用、认知-语用,由于话语标记的功能多为超句法的,因此后两个角度的研究受到很多研究人员的关注。我们的看法与他基本一致,在共时维度,可以有很多不同的研究角度,在此主要回顾三个角度:语义-语用角度、认知-语用角度、习得-语用角度。

1. 语义-语用角度

从语义-语用角度出发,主要是研究话语标记在语篇连贯方面所具有的功能和作用。国外从事这方面研究的学者被称为"连贯派"。

连贯派是基于语篇连贯理论进行研究,例如 Schiffrin(1987)就是从这个角度进行研究的。其全面详细地研究了话语标记,指出话语标记语使话语或语篇更加连贯(add to discourse coherence)。其从交换结构、行为结构、概念结构、参与模式、信息情况五个方面分析话语,在每个方面以及不同方面之间的话语单元都经由话语标记语而有所联系,由此为话语理解提供了不同的线索。其认为话语标记语提示的是语段与语段的关系、说话人与语段的关系、说话人与听话人的关系。

李佐文(2003)认为话语联系语的主要功能是标示话语中的逻辑语义关系,包括局部连贯和整体连贯。从这个角度出发研究话语标记语的学者还有闫涛、于国栋、吴亚欣、何自然、莫爱屏、马萧等。

2. 认知-语用角度

从认知-语用角度出发,则是探讨话语标记在话语生成和话语理解中的作用,更多关注语言使用者、语境和话语标记之间的关系。国外从这一角度出发,对话语标记进行各类研究的主要是基于关联理论的"相关派"。其从多个不同视角去分析话语标记所发挥的作用:或从说话人的视角探析话语标记语在话语生成过程中反映的说话人的元语用意识以及元语用功能,或从听话人的视角分析听话人在理解话语时话语标记语的引导与制约作用,或从语境出发探讨话语标记语与语境的关联。

以戴安·布莱克莫尔(Dian Blakemore)为代表的观点认为,言语交际中双方对认知语境(cognitive environment)的互明(mutually understanding)不但使彼此共享认知语境,而且能识别对方的说话目的或意图,这为交际成功奠定了基础。因此,在戴安·布莱克莫尔看来,话语联系语并不是话语单元的联结,而是语境设置(contextual assumption)的联结,使语境得以互明。例如:

Tom can open Bill's safe. So he knows the combination.

说话人的语境设置为:

If someone can open somebody else's safe, then they must know the combination.

在句中,说话人为了引导听话人到以上的语境设置中去,使用"so"来强调这一语境设置,并且这个语境设置也是听话人所明了的,即语境互明,这是他们双方交际得以成功的基础。

从这个角度来看,戴安·布莱克莫尔认为对话语标记的认知是语境和关联互动的结果,它们所含的程序信息能使语境设置中的关系被听话人意识到,使语境设置更容易令人明白,引导听话人理解话语,从而减少听话人的理解负担。对听话人来说,要做到只需付出一定的努力就建立起最佳关联,就需要调动自己的百科知识、逻辑、语言等各方面的信息去建立关联。

从这一角度研究话语标记的学者主要有陈新仁、王丽君、霍永寿、吴亚欣、于国栋、何自然、莫爱屏、徐优平、王红、葛去锋、李勇忠、刘丽艳、刘礼进、冉永平、沈娉、胡亚南、贺文丽等。他们研究的重点放在交际过程及其相关要素,而不仅仅围绕语篇本身,这与语义-语用角度的研究有所不同。

冯光武(2004)认为相关派与连贯派最大的不同就是能跳出语篇连贯的层面,提出话语标记连接的不是话语单元,而是语境设置,凸显了话语标记在语境中的制约和引导作用,把它提升到认知心理的层面,强调其对听话人理解话语的重要作用。

3. 习得-语用角度

从习得-语用角度出发的研究是多种多样的,大多与教材、教学、学习者等因素相关。

王鹏(2016)考察了对外汉语口语教材中的话语标记,并调查分析了留学生学习和使用汉语口语话语标记的情况,认为目前的状况是教材对话语标记的重视不够,缺少系统性的知识体系,也缺乏相应的课后练习。

刘丽艳(2006)对第二语言话语标记的习得过程和使用情况进行了考察,收集考察对象的口语录音并从历时的维度进行追踪,得到其不同阶段的学习特点,并针对误用情况分析了原因。

刘丽艳(2015)对非母语者使用汉语话语标记的偏好进行了调查并分析了原因,得出,选择偏好与共同的母语文化背景有关,其个体差异则与个人学习经历、性格特征和交际能力有直接关系。

施仁娟(2015)对汉语教师在课堂上使用话语标记的情况进行了调查。通过调查得知,在课堂上教师使用语篇功能话语标记在数量和种类上都多于人际功能话语标记。她认为目前存在着教师话语中缺乏某些类别的话语标记的问题,同时存在着个别话语标记被过度使用的现象,这与教师对话语标记的认识不足和无意识使用有关。

荣月婷(2014)考察了对外汉语学习词典中的话语标记,认为目前语用信息收录存在很多问题,如标记语词目缺失、语用义和概念义混淆、语用信息量不足等,并提出自己的对策和建议。

从习得-语用角度出发的研究,关心的是话语标记的使用问题。研究多围绕学习者、教师的使用,或教材、词典的使用情况展开。通过对目标对象的调查、统计、分析来说明现有问题并提出对策、建议,在一定程度上帮助我们认清了目前教学中存在的问题。

## 第二节 理 论 基 础

本书研究语篇功能标记是从"言语行为"的角度切入,言语行为理论、"新言语行为分析"为本书奠定了理论基础。为了与之相一致,我们将这类标记命名为"语篇支持性"言语行为标记。在对它们进行分类时,以韩礼德(M. A. K. Halliday)的系统功能语法理论作为基础,从功能的角度对言语行为标记进行分类研究。以下理论为本书的主要基础理论。

### 一、系统功能语法理论

系统功能语法理论的创立者和代表人物是韩礼德,在继承和批判弗斯(J. R. Firth)等前人研究的基础上,这一理论逐渐形成并日益完善。

该理论重视从社会学的角度去审视语言的特征,认为语言是一种做事(doing)的方式,句法不是自主的,它与语义和语用密切相关;重视对个别语言变体或个别语篇的分析;用连续体(cline)的概念来说明语言中的模糊现象或中间地带;把语言看作一个系统,把句子的生成看作从系统中选择的产物。

系统功能语法包括系统语法和功能语法,两者密不可分。系统语法把语言作为一个系统网络来解释,分析其中内在的关系;功能语法则揭示语言是一种社会交往方式,提出的基本假设是,语言系统及构成这一系统的各种语言形式不可避免地由它们的用途或充当的功能决定。

此理论将语言环境中繁复而无限变化的功能进行抽象、提炼、概括,从而提出了语言的"纯理功能"或"元功能"。韩礼德的"纯理功能"是基于语言的作用与功能对语法系统的高度提炼,分为概念、人际及语篇三大功能。它们都是语义概念,通过语言系统来体现。这个系统论述将其系统语法和功能语法两大利器紧密连接起来,且系统语法为功能语法服务,使语言的千变万化中的众多功能更为有序。

对于语篇功能,Halliday and Hasan(1976)指出,语篇功能是语言在使用中前后连贯的功能,一方面体现发出讯息者按照具体语境中信息表达的需要前后组织和衔接语言,构建信息的载体——语篇;另一方面体现接受讯息者在发出讯息者所传递的信息中寻找相应的衔接点以得到连贯、完整的语篇信息。

以韩礼德为代表的系统功能语法理论,是当代对语篇研究产生重大影响的理论之一,并直接促进了话语标记研究阵营"连贯派"的形成。

## 二、标记理论

"标记"的概念源自艺术类的研究,音乐布拉格学派认为一个音符若具有某种与其他音符的区别性特征,则这个音符为"有标记",无此类特征则为"无标记"。后来,"标记"的概念被广泛应用于语言学领域。例如,生成语用学中的"无标记"指的是与所有语言中一般倾向一致的特性,而"有标记"为违背一般倾向的例外特性。

话语标记中的"标记"凸显了这个成分本身,属于"有标记"的一种。从组成结构上看,它们形式丰富,可以是单词、短语、结构组合或小句。这种标记性本身就是在提示、帮助理解话语,说话人使用话语标记,是为了引起听话人(受众)的注意,以实现自身的交际目的。

为了提供言语中的重要信息,帮助人们理解话语,话语标记成为沟通中构建语境以及搭建篇章线索的重要桥梁,其本身没有承载或很少承载实际意义。值得注意的是,这一桥梁是通过附加在它们身上的语用义而达到帮助理解的效果。虽然标记本身不参与话语语义内容的构建,但它是理解话语的重要信息线索,其程序性的意义可以引导或制约理解话语。

对什么样的成分是"有标记"的、什么样的成分是"无标记"的理解,可以反映对事物本身性质和功能的理解。例如李秀明(2006)认为,语篇中表述概念功能的话语是无标记的,而表述语篇功能和人际功能的话语是有标记的。因此,在李秀明的元话语标记分类中,不包含无标记的概念功能,仅有语篇功能和人际功能两类。又如语篇功能标记,是在语篇的语义连贯和语篇结构的构建上发挥作用的标记。若标记置于段落的开头,则可单独出现,也可多项叠加使用,来提示段落、篇章的主题或者引导理解话语。

## 三、言语行为理论

言语行为理论(speech act theory)是语用研究中的一个影响深远的理论。英国哲学家奥斯汀(J. L. Austin)在20世纪50年代提出该理论,其后他的学生塞尔(J. R. Searle)将该理论加以丰富和发展。

这种理论突破了以往认为语言的功能只是"说事"的传统看法,认为言语本身也是一种行为,说话者意向、说话的语境等语用因素都是不可忽视的因素。根据言语行为理论,说话者说话时可能同时实施三种行为:言说行为(locutionary act)、施事行为(illocutionary act)和取效行为(perlocutionary act)。

奥斯汀认为有多少种施事动词就有多少种施事行为,把施事行为按照语力(illocutionary force)区分为五大类:判决(verdictives)、表态(expressives)、承诺(commissives)、行为(behabitives)、阐述(expositives)。[①]

塞尔认为奥斯汀将施事动词与施事行为相混淆,他将奥斯汀的理论系统化并在此基础上修正、发展了言语行为理论。[②] 塞尔认为,言语行为存在于语言交际的各个方面,它是人类语言交际的基本(最小)单位,并不是通常人们所认为的语言符号,例如词、句子等。更进一步说,在一定的语言环境中,遣词造句的过程就是实施一种言语行为,语言的最小单位是言语行为。塞尔的言语行为理论分析了言语行为的有效条件,针对言语行为的分类和标准提出了相关的理论。这个理论不仅为语言本质的研究探讨出理论方法,而且从交际层面对语言进行了研究。故其从断言(assertives)、指令(directives)、承诺、表达、宣告(declarations)五大类行为说明同样目的的言外行为所具有的言外效果。无论如何,在其理论中的所有行为都有一个共同的和普遍的目的,可以透过话语行为(utterance act)、命题行为(propositional act)、施事行为和取效行为来传递语用的意义。他还提出了间接言语行为理论,使原本的理论更加完善和丰富。

塞尔之后,仍有很多学者关注该理论,也使得其在反复修改和补充中更加完善。例如,斯特劳森(D. F. Strawson)提出以意图为中心的言语行为理论;Cohen and Perrault(1979)发展出"基于计划的言语行为理论"(a plan based theory of speech acts)[③],提出"计划算子"(planning operator)的概念去阐述言语行为;等等。

对言语行为或言语交际的分类可谓五花八门,纷繁复杂。韩礼德指出,拨

---

[①] Austin, J. L. How to Do Things with Words[M]. J. O. Urmson and Marina Sbisa, editors. Oxford: Clarendon Press, 1969: 162-163.

[②] Searle, J. R.. Speech Acts: An Essay in the Philosophy of Language[M]. Cambridge: Cambridge University Press, 1969.
Searle, J. R.. Austin on locutionary and illocutionary acts[M]//I. Berlin, L. W. Forguson, D. F. Pears, G. Pitcher, J. R. Searle, P. F. Strawson and G. J. Warnock. Essays on J. L. Austin. Oxford: Oxford University Press, 1973: 141-159.
Searle, J. R.. Expression and Meaning: Studies in the Theory of Speech Acts[M]. Cambridge: Cambridge University Press, 1979.

[③] Cohen, P. R. and Perrault, C. R. Elements of a plan-based theory of speech acts[J]. Cognitive Science — A Multidisciplinary Journal, 1979, 3(03): 177-212.

开纷繁复杂的言语交际任务的外衣,可以看到,其最根本的任务只有两个——给予(giving)和要求(demanding)。言语交际的过程实际上是说者与听者的交换过程。[1]

## 四、"新言语行为分析"

言语行为理论自被引介入中国以来,得到了长足的发展。中国修辞学、语用学界的学者对此进行了本土化的深入思考。其中的代表人物胡范铸教授,自2002年起,发表了一系列论文,提出了"新言语行为分析"。

在胡范铸看来,修辞学和语用学研究的本质问题都是语言的运用,两者是一回事。修辞是言语行为的一种,因追求言语交际行为(语言运用)的有效性而区别于一般的言语行为。探索这种行为的构成性规则和策略性规则体现了修辞学的现代性。[2] 他从语言的本质出发,分析了语用学的真实意义,认为语用学是研究运用语言的学问,修辞学也是如此。在本质上,语用学与修辞学是一体的两面,不同研究者的侧重点不同而已,但只偏于一面的研究容易被既有的研究路径所束缚与限制。"语言学"就是系统地考察语言的理论,或者说对语言现象、语言问题进行系统性的、理论性的思考。其中的"语言"可以基于不同的理论假设,做出不同的界定,由此产生不同的研究范式。例如,将语言看作一种符号体系,便产生了基于符号体系的语言学;看作一种社会制度,便产生了基于社会制度的语言学;看作一种行为过程,便产生了基于行为过程的语言学。[3]

胡范铸提出,对语言的理解和阐释可以从多方面入手。例如,将语言理解为一种符号体系,或者将其看作一种社会制度,或者将其看作人类行为之一,即言语行为。语用学(修辞学)是追求言语行为(语言运用)有效性的学科,因此言语行为也应该成为语用学(修辞学)的核心问题。[4] 任何言语行为都是包含一定意图的,在言语交际中,言语主体要运用语言尽力实现自己的意图。这一特点不但构成了语言运用的一个基本原则,而且奠定了言语行为的基本结构,还对形成各种语法规则造成影响。[5]

---

[1] Halliday, M. A. K.. Halliday's Introduction to Functional Grammar[M]. London: Routledge, 2014.
[2] 胡范铸."修辞"是什么?"修辞学"是什么?[J].修辞学习,2002(02):2-3.
[3] 胡范铸.语用研究的逻辑断裂与理论可能[J].外国语(上海外国语大学学报),2017,40(01):3.
[4] 胡范铸.从"修辞技巧"到"言语行为"——试论中国修辞学研究的语用学转向[J].修辞学习,2003(01):2-5.
[5] 胡范铸.言语行为的合意性、合意原则与合意化[J].外语学刊,2009(04):65-68.

对"言语行为"这一概念,可以从三个层面和角度去理解:

第一,言语行为是一种人类行为,是用语言来表达、实现自身意图的行为。这种行为有几个特性:它是互动的、传递信息的,并且有别于其他方式,是用语言来实现的,也就是说,言语行为是用语言传递信息、表达自身意图的互动性行为。

第二,具体地说,言语行为是指某行为主体在一定的人际框架和语境条件中,根据自己的意图构建出一个语篇,借助一定的媒介,使另外的行为主体做出有关联的反应。

第三,再具体说,可指一种言语行为的话语部分。当今学界在研究言语行为时,很多是分析它的话语部分,而理论上涉及的说者、听者、环境等并没有包括在内。[①]

胡范铸从言语行为这一核心概念出发,先是确定了言语行为的最高原则是"合意原则";然后由此推导出言语行为的基本结构是"意图+支持",意图是对交际目的的直接诉求,支持则为交际意图提供合法性;而后进一步分析了"意图"的类型,指出言语行为的意图是类型化的,可以从不同角度加以分析。在对言语行为进行分类的时候,胡范铸突破了以往奥斯汀和塞尔只是集中于英语的动词,将行为类型分为五类的分法,将言语行为的行为类型做了动作类型、领域类型、风格类型的划分。

该理论从言语行为这一核心概念出发,还可推导出一系列工具性范畴和基本理论命题。其中:工具性范畴除了意图结构,还包括言语行为的主体构成、行为类型、语境参数、规则系统等;基本理论命题包括如何展开法律语言学、政治语言学等各领域的分析,如何定义预设、指示等概念,如何研究机构与个人的话语沟通等命题。胡范铸还总结出言语行为的基本研究范式,分为四步:先是确定这种行为的类型,摸清这种行为的规定性要素;然后分析这一行为的构成性要素;接着在厘清其构成性规则的基础上,进一步探索其策略性规则;最后,从相应的语言材料中得到与此行为的构成性规则和策略性规则相符的佐证。

胡范铸对言语行为的定义、规则、结构、类型等要素都做出全新的界定和说明;围绕"言语行为"这一核心概念,以合意性为基础,推导出一系列相关命题和工具性范畴,构成一个逻辑清晰,并且可不断推衍扩展的语用学体系,大大拓宽了修辞学所关心的视野。他的一整套理论分析已经受到学界越来越多的关注,

---

[①] 胡范铸.语用研究的逻辑断裂与理论可能[J].外国语(上海外国语大学学报),2017,40(01):4.

被称为"新言语行为分析"[①]。王蕊(2013)指出,"新言语行为分析"是在标记理论、言语行为理论以及关联理论等基础上的进一步发展,它明确了言语行为标记存在的心理依据和本质特征,因此在对言语行为标记问题进行理解和分析时是不可或缺的。

## 五、语篇衔接-连贯理论

语篇是将语义、结构、功能三者有机融合的统一体。语篇衔接在形式上将词汇、语法、句子或话语依照一个有序、严密、有逻辑的内在规律发展成一个连贯的结构模式。这个结构模式对篇章中的语义进行引导与限制。其结构模式的内在衔接(cohesion)与连贯(coherence),使语篇中的句子或话语更有序,形成一个功能明确的语义整体,也即该理论在语义方面所体现的作用。无论是书面语还是口语,都是如此。分析语篇衔接与连贯是分析语篇以及分析"语篇支持性"言语行为标记作用的基本理论,故其为本研究的理论基础。

语篇中有些成分的解读需要依赖其他成分,衔接由此而生。正是这些衔接的线索使话语成为具有整体语义的语篇。韩礼德和哈桑(R. Hasan)的《英语中的衔接》(*Cohesion in English*)一书是早期语篇衔接-连贯研究的代表作。该书认为语篇连贯包括两个方面:一方面,与情景语境连贯,表现为语域一致性;另一方面,语篇本身连贯,主要是衔接机制的作用。他们认为研究连贯的着手点是研究清楚衔接手段的问题,着重研究的是句子与句子之间因何衔接而产生了联系,从而形成一个意义完整的语篇,深入说明了衔接是使全文成为语篇的各种意义关系的总和。

韩礼德和哈桑把衔接分为结构性和非结构性两个类别,并对此进行了研究。及物性、语气、主谓结构、信息结构等手段属于结构性衔接,而像指称(reference)、替代(substitution)、省略(ellipsis)、连接词语(conjunction)以及词汇衔接(lexical cohesion)等手段则是非结构性的。

不过,他们过分强调了句法形式方面的衔接方式,没有顾及其他的语义联系、语篇与语境的联系等方面,影响了该理论的解释力。

值得一提的是,各种语言都有其自身特色与文化含义,韩礼德和哈桑的研究是以西方语言为基础的研究,我们在面对其衔接理论中关于结构性和非结构性

---

[①] 陈佳璇,周萍.学科自信重建与研究范式新探[J].外国语(上海外国语大学学报),2013,36(01):93-94.

划分的时候应根据汉语特色做出相应的探讨与分析。例如,英语语篇中一部分词与词之间存在的形式上的联系或重复,或其词语替代形式,类似助动词(do)代替实际意义的动词等,都体现了英语语篇中衔接形式的作用,而在汉语语篇分析中应另当别论。黄国文在《语篇分析概要》(1988)中就探讨了衔接问题,把衔接划分为语法手段的衔接、词汇衔接、逻辑联系语衔接,讨论了它们的作用及彼此间配合使用的情况。胡曙中(1993)指出英语语篇通常用明确的表时间、空间或逻辑顺序的连词通过"形合"来衔接语篇,汉语的衔接则主要依赖"意合",语言深层的逻辑关系发挥着更重要的作用。

连贯与衔接的侧重点有所不同。衔接更多侧重于形式方面,通过语法、词汇等手段实现连接语篇不同组成部分的目的。连贯则侧重于意义方面,注重内在的逻辑性,如同无形网络般将语篇连贯成一体。

《现代语言学词典》对"连贯"的阐释是,连贯作为话语组织中的假设原则,可以解释口语或书面语在底层功能上的一致性,与说话人的知识积累、推理方式、持有假设和用言语行为传递信息的方式有关。[1]

朱永生指出,连贯是语义上的,是指话语内部组成成分之间意义上的关联性。[2] 这种关联性表现在两个方面:一是话语内不同组成部分所表达的命题之间有时序、因果、举例等意义上的联系;二是话语内不同组成部分所表达的言外之意即语用意义之间彼此相关。冯晓虎认为,衔接与连贯的不同之处在于衔接是语篇表层的显性成分,而连贯是对语篇解释的结果。

这也说明,语篇形式的衔接是构建语篇语义连贯性的重要条件,形式上的衔接与内容上的连贯相辅相成、共同作用,才可以有效且逻辑性地构建连贯的语篇。因此在汉语话语标记的研究中,人们较重视从语篇衔接-连贯的视角去解释话语标记语对语篇所起的作用。这种解释多是从话语标记的个案研究出发,研究成果碎片化,缺乏上位概念和自上而下的理论体系支持,因而在整体性和系统性方面还不完备,本研究将对此进行更为深入的探讨。

## 六、关联理论

20世纪末,丹·斯珀波(D. Sperber)和迪埃钰·威尔逊(D. Wilson)在《关

---

[1] 戴维·克里斯特尔.现代语言学词典[M].沈家煊,译.北京:商务印书馆,2000:64.
[2] 朱永生.韩礼德的语篇连贯标准外界的误解与自身的不足[J].外语教学与研究,1997(01):23.

联性：交际与认知》(*Relevance: Communication and Cognition*)一书中提出了人类交际与话语理解的认知心理学理论，关联理论由此而来。

这一理论注重对人的认知特点、认知过程等要素进行分析，丹·斯珀波和迪埃钰·威尔逊认为交际活动反映的是人类心理活动的过程。人们的认知心理总是希望以最小的投入取得最为有效的结果，也就是说，出于经济原则，交际成功的关键点在于把注意力放在最为相关的信息上进行处理。丹·斯珀波和迪埃钰·威尔逊认为这个交际过程可看作一个一方"示意"，另一方"推理"(ostensive-inferential communication)的过程。这个概念可以从两个方面进行详细说明：一方面，在交际过程中，说话者通过当时的语境，结合适当的言语或非言语方式把所要表达的意图传送出去，这是一种示意(ostension)过程；另一方面，接收言语示意的听话者，因为言语信息传递方式的不同，不一定完全理解说话者所示意的真义，所以对于听话者而言，这个过程是一种推理(inference)过程，听话者要通过言语或非言语等各种方法和手段推测说话者的真实意图。

此外，对于整个交际过程而言，说话者为了引导听话者理解自己的真实意图，以达到交际目的，必然使用一些提示性的语言标记来明示话语理解方向，促使听话者找到话语的关联性。关联理论认为，说话者对听话者进行明示的语言手段之一就是使用话语标记。由此，该理论也是本研究的主要理论根基。

关联理论从认知的角度看待话语分析与话语理解，在国外以此理论为背景形成了"相关派"。根据关联理论，话语标记语的使用对于话语的生成和理解具有重要作用。Blakemore(1992)运用关联理论研究语篇连贯，认为连贯是关联的副产品。Wilson and Sperber(1993)则认为语篇连贯恰好取决于关联性，只要语篇具备了关联性，它在某种意义上就是连贯的。

以上六种理论从不同的角度为我们的研究提供了理论支持。系统功能语法理论让我们从语言纯理功能的角度去审视言语行为标记的功能；标记理论从标记的一般特质出发，论证了言语行为标记的特点，即提供言谈交际中的重要信息，唤起听话者的注意；言语行为理论从核心概念上支持了我们要研究的"言语行为标记"这一术语，表明其特质是从言语行为的角度去看待语言的交际和使用；"新言语行为分析"中对于言语行为的合意性、合意原则、意图结构由"意图+支持"的论述，是本书研究的理论起点，为后续研究提供了方向；语篇衔接-连贯理论从语篇的连贯性和支持手段切入，为本书对言语行为标记的"语篇支持功能"提供了有力的阐释工具；关联理论从认知视角出发，关注语境，为话语分析和理解提供了内在的解释机制。以上六种理论共同构成了本书的理论基础。

## 第三节 研 究 方 案

### 一、研究意义

我们知道,语言可以从不同的角度加以定义和研究。例如,可以把语言看作一种符号体系,形成基于符号体系假设的语言学;也可以把语言看作某种社会制度,形成基于社会制度假设的语言学;或者把语言看作一种行为过程,我们在说话的同时即实施某种行为,由此形成基于行为过程假设的语言学。

以往对标记性成分的研究多从个别现象出发,只见树木,不见森林,缺乏顶层理论设计和系统性的梳理,以致存在本书前言所提出的三个问题。为了对这些问题做出回应,我们有必要对这类语言现象进行重新分析和研究。

我们的研究前提基于这样的假设——将言语活动看作一种行为过程、一个事件。"新言语行为分析"(胡范铸,2002;2003;2009;2015;2017)对言语行为作了如下定义:言语行为就是在一定的人际框架和语境条件中,某言语行为主体出于某种意图构建并发出一段话语,另外的言语行为主体接受并试图理解这一话语,从而做出与发话者意图有关联的反应,这样的一个事件。

据此可以知道,任何言语行为都是具有意图性的,说话人会运用各种手段去帮助实现意图,于是在话语形式层面就显示为类似"命题"和"支持"两大部分。既然言语行为是包含意图的,又有其他手段去辅助意图的实现,那么我们就可以把一个言语行为分成两个部分来看待,即直接承载"意图"信息的部分和不直接承载"意图"但对于"意图"实现提供"支持性"信息的部分。其中,直接诉求交际意图的部分,我们可以称之为"意图性子行为";保证交际意图有效实现的部分,我们可以称之为"支持性子行为"或者"标记性子行为",也可以称之为"言语行为标记"。

由此,本书提出"言语行为标记"这一概念,试图从言语行为的角度出发来对这一类语言现象做出重新审视和研究。依据"新言语行为分析",我们将这类语言现象命名为"言语行为标记",与之前的标记性成分研究的范围有重合,也有区别。我们从新的角度展开研究，逐条考察言语行为标记，试图以新的方式进行分类，以期更准确地揭示言语行为标记的本质属性、明确其内涵和外延，从而深化对这一类问题的根本认识。

系统功能语言学派的代表人物韩礼德曾提出语言具有三大元功能(metafunction)，分别是概念功能(ideational function)、人际功能(interpersonal function)、语篇功能(textual function)。概念功能是指语言反映的主客观世界的万事万物，包括说话人的内心经验；人际功能是指语言是社会人的有意义的活动，是反映人与人之间的关系的，包括说话人的地位、身份、态度等要素；语篇功能是指说话人组织语段成篇的功能，在实际使用中把零散的词句连缀成篇从而表达完整的思想。概念功能和人际功能最终要说话人通过语篇功能才能得以实现。任何一个言语行为都可以实现这三种功能。[①]

目前存在的问题是，在对这种语言现象进行讨论的时候，很多人认为传统语言学研究的重点是语言的概念功能，而这种标记性成分（多称之为"话语标记"）重点关系到语言的人际功能和语篇功能。在谈及其功能时，学界普遍提到的是语篇功能和人际功能，而鲜有人谈到其概念功能。很多专著及论文或是避而不谈，或是明确指出话语标记没有概念意义，因而不谈概念功能。例如，孙利萍(2017)在谈及言说类话语标记的语篇功能时提到，目前学界的普遍认识是，话语标记只具有语篇功能和人际功能，而不具有概念功能。其语篇功能表现为在语篇的衔接-连贯上发挥作用，人际功能则体现在交际双方的互动关系方面。而因为其本身的概念意义已经弱化或消失，只具有程序性意义，所以没有概念功能。李治平(2015)也指出，话语标记本身有语法意义（语法功能），但没有概念意义。他把概念功能划分为基本话语，把语篇功能和人际功能看作元话语，由此认为话语标记是一种元话语现象，没有概念意义。李治平的说法将概念意义与概念功能混同，由此便将概念功能排除在话语标记可讨论的功能之外。

这类标记性成分究竟有没有概念意义，是一个存在争议的问题。目前学界普遍的看法是，话语标记是由原本意义实在的语言单位经过语法化的过程逐渐发展而来的。既然标记性成分由实词语法化而来，语法化的程度不一，那么它们就或多或少保留了原先实词的概念或特征，与来源词之间存在必然的联系。标记性成分有无概念意义在此不做讨论，即便如同目前主流观点所说，在语法化过

---

① 胡壮麟，等.系统功能语言学概论[M].北京：北京大学出版社，2005：11-12.

程中或过程后,成熟的标记已不再表征概念意义,而主要体现语用功能,也不能据此认为它们不具有概念功能。

目前的问题就在于,对于标记性成分的三大功能的划分并不明晰,把原本属于概念功能的部分划分到了语篇功能或者人际功能,从而在如何实现语篇功能这个问题上,该包括的没有包括或者包括了本不属于此功能的成分而显得不够严谨和准确。我们觉得有必要对这一问题进行重新探讨,重新分类,重新认识。

我们提出"言语行为标记"这一概念,认为出现于言语行为过程中的言语行为标记不仅仅在说话人实现语篇功能和人际功能时发挥作用,而且可以帮助说话人在言语行为中实现其概念功能。基于韩礼德对语言三大纯理功能的划分而对言语行为标记展开分类研究,着重对言语行为标记的语篇功能进行探讨。目前学界对于这方面的研究仅见于单篇论文的零散讨论,还未有人进行过深入、细致、全面的探讨。

在前人的研究基础上,我们试图在理论上从言语行为和功能的角度重新认识言语行为标记,重新理解其语篇功能,进而对汉语语篇支持性言语行为标记进行系统的分类、概括,从而形成体系。讨论各类标记的功能、使用条件、分布、相似标记之间的区别,以探讨它们在构建汉语语篇完整性中的作用。在实践上,本研究也可以使语言更精确,促进语言的使用(阅读、写作、口头表达)和教学。

## 二、研究内容

本书研究的是语篇支持性言语行为标记,它是从语言的功能出发,站在言语行为的角度,对以往标记性成分这类语言现象加以重新审视。对这类语言现象在摸清其性质和功能的基础上,对其进行重新界定和分类,对语篇支持性言语行为标记进行全面、系统的研究。

根据"新言语行为分析",任何言语行为都是包含意图的,说话人会运用各种手段去实现自己的意图。一个言语行为,我们可以把它分成两个部分来看待,即直接承载"意图"信息的部分和为意图实现提供"支持性"信息的部分。其中,直接诉求交际意图的部分被称为"意图性子行为",保证交际意图有效实现的部分被称为"支持性子行为"或者"标记性子行为",也可以被称为"言语行为标记"。

"新言语行为分析"的理论框架如图1-1所示。

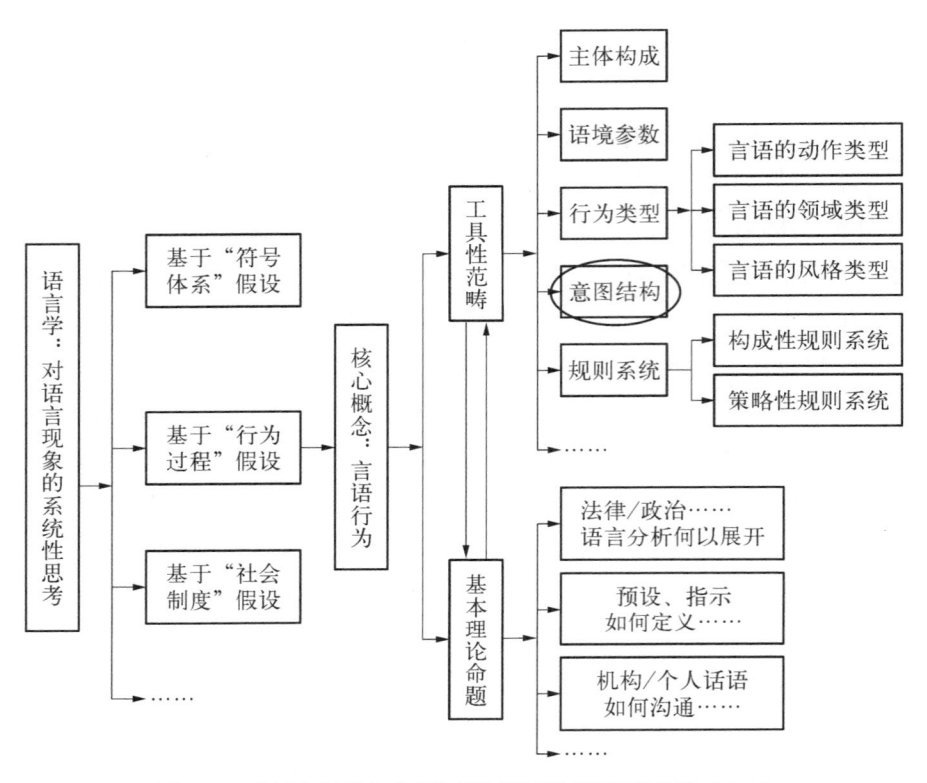

图 1-1　"新言语行为分析"理论框架推衍图(胡范铸,2017)

系统功能语言学派的代表人物韩礼德曾指出,语言具有三大元功能,分别是概念功能、语篇功能、人际功能。一般观点认为,传统语言学研究的重点是语言的概念功能,而话语标记理论专注于语言的人际功能和语篇功能。我们认为,出现于言语行为过程中的言语行为标记不仅仅在说话人实现语篇功能和人际功能时发挥作用,而且可以帮助说话人在言语行为中实现其概念功能。

由此,我们可以将图 1-1 中的"意图结构"(已圈出)做进一步的推衍,如图 1-2 所示。

如图 1-2 所示,支持性子行为也叫作"标记性子行为",根据语言三大元功能的划分,可以进一步推衍为概念支持性子行为、语篇支持性子行为和人际支持性子行为三个类型。本书研究的是语篇支持性子行为(已圈出),也可称之为"语篇支持性言语行为标记"。

由此,本书从语篇支持性言语行为标记出发,着重从多角度深入探究支持性行为是如何实现语篇功能的。在理论上从功能的角度对汉语语篇支持性言语行

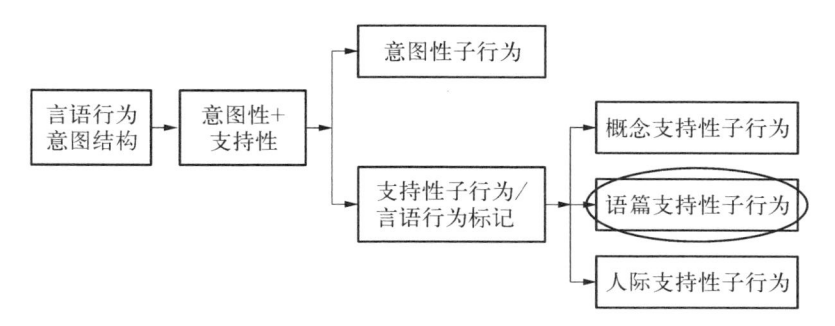

图 1-2　言语行为意图结构的进一步推衍

为标记进行系统的分类、概括，从而形成体系；讨论各类标记的功能、使用条件、分布、相似标记之间的区别，并探讨它们在构建汉语语篇完整性中的作用。

通过本研究，我们试图为在中国语用学理论领域探索的"新言语行为分析"提供有效的补充和拓展；同时，为国际中文教育中的口语教学及书面语教学的语篇衔接-连贯提供理论支持。

## 三、研究方法

有效的研究范式应该是目标、问题、方法的统一。出于不同的目的和研究背景对言语行为标记进行研究，可以采用不同的方法。本书的研究既立足于理论，自上而下宏观考察；又立足于具体语句，自下而上微观分析。

自上而下，是指在以言语行为为主要理论范畴的体系内，在前人研究的基础上层层递进、逻辑推衍，从宏观的方面对言语行为标记的界定、特征及相关问题进行探讨，从功能的角度出发，构建一个言语行为标记的分类框架。

自下而上，是指在大的功能类别下讨论进一步的细分时，将理论探讨与语料分析相结合，从具体的语料出发，对一个个具体言语行为标记的功能进行描写、分析后，做出归类和总结。

具体说来，我们先以李宗江和王慧兰的《汉语新虚词》（2011）一书中"语篇关联语词典"部分所列的词语项目为基础，同时以中国知网中"标记""话语标记"[①]为检索词检索出的以个案研究为主的单篇论文中提到的标记性词语作为有效补充，初步确定了本研究的研究对象，然后在此基础上做出进一步筛选。由于本书

---

[①] "话语标记"与本书研究的言语行为标记的范围不尽相同，然而为了研究方便，我们采用学界使用得比较广泛的"话语标记"作为检索词，以期最大范围地检索到标记性成分的个案研究项目。

23

研究的是语篇支持性言语行为标记,因此,在考察一个个具体的标记时,将核心功能是表达人际支持性的主观态度、情感的标记和表达概念支持性的构建话题的边界性条件的标记先排除在外,力图集中对汉语中典型的语篇支持性言语行为标记加以分析。

这个考察、筛选的过程相当艰难,因为标记性成分的多功能性已是学界共识,每个标记在不同的语境中、不同的交际背景下发挥着不同的作用,常常是既体现语篇功能,又兼有其他功能。然而,什么功能都有,等于什么都没有,模糊了功能,没有了分类,也就没有了进一步的思考。为了更深入地认识这些标记,我们力图明确其核心功能(在具体的语言环境中主要体现的功能),以核心功能作为筛选和排除的标准。详细考察每个标记的核心功能后,我们再将核心功能相同或相近的标记归为一类。在归类后,我们考察此类别中所有项目的共性和特性,对比分析,以明显的区别作为分类标准,在此类别下做出进一步的细分。整个研究过程在分类→归类→再分类的循环讨论中不断深入。

此外,本书还主要运用了以下研究方法:

文献阅读法,即借助图书馆和各种中外文文献数据库,查阅相关文献资料,以了解标记性成分的研究现状。

图表统计法,即利用图表等工具统计言语行为标记的特征和分类状况等,并利用图表可视性强的特点,展示逻辑推衍的过程,概括表达要义。

对比分析法,即对言语行为标记的个体与个体之间、类别内部与不同类别之间进行广泛的对比分析,以明确其共性和特性。

## 四、语料来源

李宗江和王慧兰的《汉语新虚词》(2011)一书中"语篇关联语词典"所列的词语给本研究筛选和确定研究对象提供了很大帮助,本书在分析时用到该书提供的部分例句。

本书语料来源还有国家语委现代汉语语料库、北京语言大学汉语语料库(简称"BCC")、北京大学中国语言学研究中心语料库(现代汉语部分)(简称"CCL")等。

此外,本书的研究还综合利用了当代影视作品、文学作品、电视访谈节目中的部分话语、日常会话中收集的自然话语以及作者自拟的例句进行分析。作者自拟例句均已经过母语者验证,书中不再另行说明。

# 第二章
# 核心概念

本书围绕汉语语篇支持性言语行为标记这一核心命题展开研究，为了研究的方便，有必要先厘清与此相关的几个核心概念。本章主要对书中的几个核心概念以及它们之间的关系进行阐释。它们是：言语行为，言语行为中的标记性子行为，言语行为标记，语篇支持性言语行为标记。

## 第一节　言语行为、标记性子行为、言语行为标记

### 一、传统言语行为与"新言语行为"

英国哲学家奥斯汀在20世纪50年代提出了言语行为理论，其核心概念就是"言语行为"。他认为，语言不仅是一种符号，而且是一种行为，所以话语既有命题句，也有施为句，这种句子本身是行为的一种，是用语言来行事。他确立了言语行为研究的合法性，提出了"言有所为"的思想。

依据他的思想，一个人在说话的时候通常同时实现了三种行为：言说行为、施事行为和取效行为。言说行为又叫"言内行为"，它的基本功能就是以言表义，说出 X；施事行为是在说某种事情中所存在的行为，又叫"言外行为"，它的功能是以言行事，就是在说出 X 时，做了 Y；取效行为是说某种事情常规地影响听人的思想和行动，又叫"言后行为"，它的功能就是以言奏效，通过说 X，做了 Y，达到了 Z。

哈德曼（R. R. K. Hartmann）和斯托克（F. C. Stork）编写的《语言与语言学词典》（*Dictionary of Language and Linguistic*）中对言语行为的定义是，由说话人按照一定的规则发出声音，说出有意义的话语的过程，这指的是动作本身。

Crystal(2008)在两个层面上讨论这个问题：从一方面来看，言语行为是一种理论，这种理论在分析话语作用的时候，会将说话人和听话人在人际交往中的行为纳入分析的范围；从另一方面看，言语行为更强调的是人际交往中信息传递的行为，也就是说，言语行为是参照说话人说话时的意图和在听话人身上取得的效果来加以定义的一个过程。

我们的研究与传统的言语行为理论有一定关系，但研究中所指的"言语行为"更多是指"新言语行为"。

"新言语行为"这一概念出自胡范铸的"新言语行为分析"，其中的核心概念就是"言语行为"。该理论从"行为"的角度来考察言语行为，就此而言，言语行为是人类行为的一种，是人类使用语言的行为，属于社会行为之一。把言语看作行为的一种，可以从人类行为特征的角度自上而下地考察言语行为。这种行为有几个特性：是受主观控制的、互动的、传递信息的，并且有别于其他方式，是用语言来实现的，也就是说，言语行为是用语言传递信息并且表达自身意图的互动性行为。

据此，我们认为言语行为有两种含义：

第一，它是人类使用语言进行信息交换的行为，一个主体与另一个主体用语言来交换信息，在这个最小单位（言语事件）中，包含三个层次：一是发出话语的主体，即谁说；二是接收相应信息的主体，即对谁说；三是发出的一段话语，即一个言语事件中的话语部分——所说。

第二，可进一步扩展为人类行为中使用语言完成信息交换过程中的一个最小的事件，也就是一个完整的最小交际单位。

我们的研究是依据胡范铸的"新言语行为分析"中关于言语行为的定义而展开的，即言语行为是人类在使用语言表达自己意图的同时进行信息交换的行为，具有互动性。它是某行为主体在一定的人际框架和语境条件中，根据自己的意图构建一个语篇，借助一定的媒介，使另外的行为主体做出有关联的反应这样一个事件。①

## 二、标记性子行为与言语行为标记

言语行为既是人类用语言表达自己意图的互动性行为，也是由某言语主体出于某种意图构建并发出的话语。胡范铸（2009）指出，任何言语行为都是包含

---

① 胡范铸.语用研究的逻辑断裂与理论可能[J].外国语（上海外国语大学学报），2017，40(01)：4.

一定意图的,在言语交际中,言语主体要运用语言尽力实现自己的意图。这一特点不但构成了语言运用的一个基本原则,而且奠定了言语行为的基本结构,还对形成各种语法规则造成了影响。

由此我们知道,任何言语行为都包含一定的意图,这个意图有可能是更宏大的某意图中的一个组成部分,也可能把它分解成更小的"子意图",它们之间是层层嵌套的关系,从而形成递归形式的结构。说话人为了实现自己的意图,会运用各种手段,既然如此,那么我们就可以把一个言语行为分成两个部分来看待,即直接承载"意图"信息的部分和不直接承载"意图"但对于"意图"实现提供"支持性"信息的部分。其中,直接诉求交际意图的部分,我们可以称之为"意图性子行为";而保证交际意图有效实现的部分,我们可以称之为"支持性子行为"或者说"标记性子行为",也可以称之为"言语行为标记"。这就是说,言语行为标记是在言语行为中为了保证意图实现而提供支持手段的部分。

言语行为的意图结构可以分为两个部分,意图性子行为和支持性子行为。在实际言语交际活动中,这两个部分可以同时出现,形成完整的结构,也可以只出现一个,而另一个以"零形式"出现。表现形式举例如下:

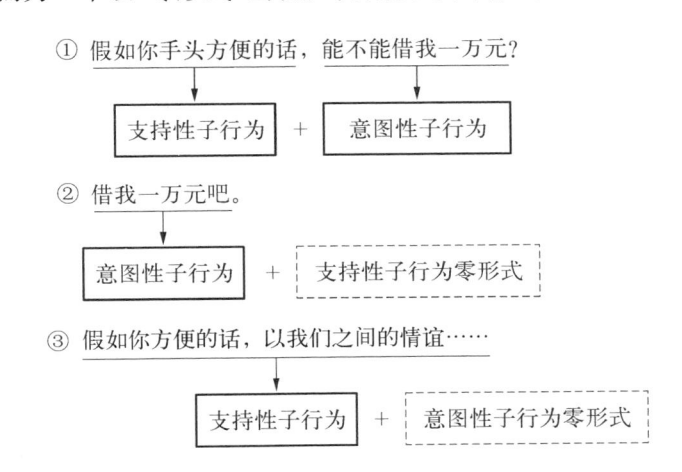

① 假如你手头方便的话,能不能借我一万元?
   支持性子行为 + 意图性子行为

② 借我一万元吧。
   意图性子行为 + 支持性子行为零形式

③ 假如你方便的话,以我们之间的情谊……
   支持性子行为 + 意图性子行为零形式

例③中,意图性子行为以零形式出现,语义需在具体语境中补足。

其中,支持性子行为又可以分为三类:一类是概念支持性子行为,它构建命题的边界性和概念的准确性,如"对……来说""对于……的"等。法律语言中有很多类似表述,如"对于屡教不改的要加重处罚";此外,还有"一般来说""相对而言""研究表明""按说""照说""照我看来"等。一类是人际支持性子行为,主要构建人与人之间的互动性,如"不是我说你""不是吹""我不是批评你"等,都是为命题句提供人际方面的支持。还有一类是语篇支持性子行为,构建语篇的连贯性和话题的互文性,构建语篇的同一性和解释性,如"由上可知,这真的很有意思"中的"由上可知";此外,还有"总而言之""由此而言""就此而论"等。

标记,在《现代汉语词典》(第七版)中被释义为"标志,记号",即为了帮助人们尽快识别事物所提供的指明事物特征的一种手段。在语言学的研究领域,"有标记"和"无标记"本来是音位学的术语,后来被应用于语义、语法、语用等更为广阔的领域。

言语行为标记,顾名思义,对一个言语行为有标识、提示作用的部分都可以被看作言语行为的标记,其所包含的范围很广,这是从广义上来说的。从狭义上说,为了研究的集中和更有针对性,在本书研究中,我们所称的言语行为标记就是支持性子行为(标记性子行为)。

由此,言语行为标记是一个上位概念,依据语言的三大纯理功能,其下可分为概念支持性言语行为标记、人际支持性言语行为标记和语篇支持性言语行为标记三个类别,其中,语篇支持性言语行为标记(语篇功能标记)为本书的研究范围。它们的关系如图 2-1① 所示。

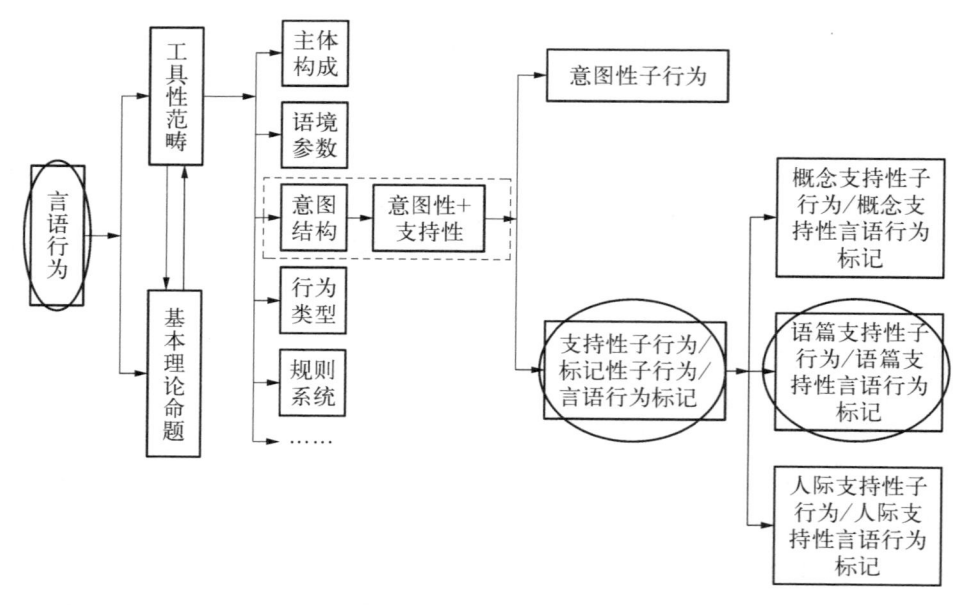

**图 2-1 言语行为核心概念之间的逻辑关系**

① 图 2-1 中圆圈提示的内容是本书涉及的核心概念,虚线框提示的内容是概念之间的重要连接点。

## 第二节 "语篇支持性"言语行为标记

"语篇支持性"言语行为标记,是言语行为标记下的一个子类别,是言语行为标记的下位概念,也是本书的研究内容。对于言语行为标记,上一节已做出说明,因此,如何理解其修饰语的部分——"语篇支持性"是本节的要义。

我们认为,"语篇支持性"言语行为标记的核心功能是语篇支持功能,主要是对意图的实现、使命题成立,有别于构建命题的边界性和概念的准确性、构建人际的互动性,而是在语篇的构成、衔接和连贯上构建同一性和解释性的标记性成分。它与如下两个命题有关:一是如何理解语篇,二是如何理解语篇支持性。

### 一、如何理解语篇

对于语篇所指的对象,学界在不同阶段的认识不尽相同。在结构主义盛行的年代,人们认为语篇是大于句子的语言单位,或者是多个句子组成的序列体,它们是超句法的。语篇研究被认为是超句法分析,研究比句子更大的语言单位。

我国较早对语篇进行研究的专著《语篇分析概要》(1988)的作者黄国文对语篇的认识是,它由连续的句子或话语段落组成,是比句子更大的单位。语篇的形式多样,短如交通标志那样的文字、便条,长如小说、科研报告等。除了书面的形式,语篇还可以指口头形式的一句问候或者长时间的交谈等。黄国文认为语篇须至少由两个句子或话段组成,在交际中是独立的。[1]

后来经过不同思潮的发展与碰撞,学界更倾向于韩礼德的观点,即语篇不论长短,任何一个语言片段只要自身是一个统一体,就可以被看作语篇。[2]

胡壮麟的看法与韩礼德类似,他对语篇的定义有过详细的说明,认为语篇包括口语和书面语,是在一定语境中自然产生的话语,它们并不完全受限于句子的语法,而是实际语言交际的产物,可以表达完整语义,也是交际的手段。[3] 他在《语篇的衔接与连贯》一书中谈到,其所指的语篇是从广义上理解的,既包括"话

---

[1] 黄国文.语篇分析概要[M].长沙:湖南教育出版社,1988:7.
[2] 张廷国,陈忠华.语篇的理论界定、描写与解释[J].烟台大学学报(哲学社会科学版),2003(03):353-356.
[3] 胡壮麟,等.系统功能语言学概论[M].北京:北京大学出版社,2005:1-2.

语"(discourse),也包括"篇章"(text)。语篇形式多样,长短不论,只要是实际生活中有意义的独立体,就可以算语篇。例如,它可以短至火灾发生时人们呼叫的"火!",也可以是歌曲、口号,或者长篇小说。①

通过比较可以看出,以上两种对"语篇"不同定义的区别在于是把语篇看作大于句子的语言单位,还是在生活中实际运用的语言。持前一种观点的通常为形式主义学派,功能主义学派则持后一种观点。形式主义学派认为词、句子是语言交际的基本单位,而在功能主义学派看来,语篇才是交际单位,是语言在实际使用过程中的基本单位。

各家对语篇内涵的把握虽各有侧重,但共识也有不少。比如,黄国文提出,语篇形式不限,但句法要正确、语义要连贯,这种连贯不单指语篇内部语言的连贯,也指语篇与外界在语义、语用上的连贯。一个语篇内部的句子与句子之间是有内在逻辑关联的,表达一个整体性的意义,具有语篇特征(texture)。②

Beaugrande and Dressler(1981)曾提出"语篇性"的七条标准,由廖秋忠译为衔接性、连贯性、目的性、可接受性、信息度、场合性和篇际性,并引介至国内。③单士坤和王绍斌(2001)认为这七条标准涉及语篇的结构、功能、信息、情境等方面的内容。

聂仁发(2009)在总结前人研究的基础上,把语篇特征归纳为"语篇三性",即交际性、有序性、情境性。其中,有序性指语篇单位之间的关联,是语篇的结构特征,主要包括两个方面,一是语篇内各词语间的意义关联,二是小句间的语义关系。有序性从内部组织小句,使语篇的目的得以实现。语篇的有序性正体现在语篇的连贯与层次上。

语篇性(语篇特征)是语篇的本质属性,而衔接、连贯是语篇的重要特征,也是语篇分析和语篇理论研究的主要方面。对于语篇衔接、连贯的研究,历来有很多角度——因为语篇的连贯是由多方面的因素综合、协同促成的——比如语篇的指称(又叫"照应")、回指、替代等。本书的研究围绕一部分言语行为标记展开,着重考察其作用于语篇性的形成。

例如:

(10)我们可以换一个角度看痛苦。如果痛苦的体验能够促使我们成长和完美,它就

---

① 胡壮麟,等.系统功能语言学概论[M].北京:北京大学出版社,2005:1-2.
② 黄国文.语篇分析概要[M].长沙:湖南教育出版社,1988:7-8.
③ 廖秋忠.《篇章语言学导论》简介[J].国外语言学,1987(02):66-69.

是值得的，而且是必须付出的，<u>或者说</u>，它是人性成长的代价。<u>反过来说</u>，如果我们不付出这种代价，人性便不能成长，<u>由此看来</u>，痛苦的体验也就成了有益于成长的东西。(BCC 语料库)

(11) 很多时候，我们大声地笑过，只是笑过之后，却很少有什么为这笑容而改变。而痛苦则像一支毒剂，不但在它注入身体的时候能让一个人痛彻心扉，更可怕的，是这支毒剂在你身体里随着时间慢慢扩散……<u>扯远了</u>，今天我想说的，只是一些很琐碎的事情，琐碎得我甚至没办法用一条很清晰的主线把它们连接起来。(厕所之狼《大学四年的 7 个永恒瞬间》)

画线部分的这些标记性成分，有的用在语篇中间，连接前后话语，使语篇语义通顺，连贯成完整的语篇，如例(10)；有的用在语篇中，将偏离了主旨的言谈重新拉回原来的话题，如例(11)。这些都是语篇支持性言语行为标记对帮助语篇达到意义上的完整、连贯或维护语篇主旨的统一所起到的作用，也即其语篇功能的体现。

## 二、如何理解语篇支持性

语篇支持性，就言语行为标记来说，是指其在语篇性的构成中所发挥的作用，也即其语篇功能的体现。Halliday and Hasan(1976)提出语言具有一种功能，可以将包含概念功能和人际功能的信息组合，然后形成意义完整的语篇单位，这样的功能即语篇功能，简言之，就是语言的使用者通过运用语言将各种信息组合起来，使之连贯成语篇的功能。它一方面体现在发讯者按照具体语境中信息表达的需要前后组织和衔接语言，构建信息的载体——语篇，另一方面体现在受讯者在发讯者所传递的信息中寻找相应的衔接点以得到连贯、完整的语篇信息。

韩礼德的语篇系统包括已知信息-新信息系统(也被称为"信息结构系统")、主位-述位系统(也被称为"主位结构系统")和衔接系统。他提出五种话语衔接的主要手段：替代、省略、词汇衔接、连接和照应。

在言语交际的过程中，为了达到交际目的，通常来说，说话人和听话人都需要衔接手段的支持。说话人运用它们来构建语篇，听话人则运用它们来理解语篇。这其中有一种使用广泛、非常重要的衔接方式，就是言语行为标记，它们在语篇的衔接与连贯中发挥着不可缺少的重要作用。

对言语行为标记的语篇功能应该如何认识？持广义理解还是狭义理解？是

否所有的言语行为标记都具有语篇功能？

以往对言语行为标记的研究不多，但学者们对话语标记方面的研究已很丰富，有着不同的认识。

孙利萍（2017）在谈到话语标记的功能时指出，话语标记的功能不都在同一个层次上，它们有高低之分，比如衔接-连贯功能，就是一个高级别的功能，是每一个话语标记都应该具有的功能。这个功能体现了语篇研究的核心，其结构上的整体性、语义上的连贯性、认知模式上的推进性体现语篇自身的规律性和规则度。

我们认为，孙利萍的说法是从广义上来说的。话语标记具有多功能性，以"不好意思"为例，其在不同语境中具有不同的功能：

①（语境：食客在饭馆点菜，与服务员交谈）
食客：帮我们拿菜单，再倒点水。
服务员：好的。……喔，先生，<u>不好意思</u>，本店今天有优惠活动，您要不要看一下？

②主持人：请问陈同学，你的微博注册当日就点击过万，是你意料中的事吗？
陈同学：<u>不好意思</u>，我只是在微博上唱了几首歌，没想到网友们这么热情地支持我，给了我这么高的评价，我完全没有想到。

例①中服务员在答应食客的要求之余，其意图是向食客推销优惠菜品，因此用"不好意思"转换话题（语篇功能）；例②中的"不好意思"是说话人的自谦之辞，具有人际功能。"不好意思"在不同语境中具有不同的功能，有时是发挥语篇功能，有时则表现出人际功能。

就一个具体的言语行为标记个体而言，一定有一个自身最核心、最基本的功能，或者说首要的功能，即这个话语标记在一般状况下，在大多数语境中所具有的功能。仍以"不好意思"为例，我们在提到它的时候，首先想到的是它在以下场景中的用法：

③（走在路上不小心碰到别人）"<u>不好意思</u>！"
④（纠正口误）<u>不好意思</u>，我刚才说错了。

可以看出，"不好意思"的首要功能或者说核心语用功能是人际性的，而非语篇性的。

李宗江（2011）曾指出，如今在对汉语话语标记的个案进行描写时，着重区分了同一标记在不同语境中的不同功能，但这些功能之间如何区别、是否在同一个层次上还没有研究透彻。李宗江指出，什么都是就说明它的作用是模糊的，这样研究的价值是令人怀疑的。对话语标记进行个案描写的时候，必须明确其核心功能，以核心功能的不同来区分不同的话语标记。这样做的一个前提就是确定一个话语功能系统，将相应的话语标记用这个系统来定位。

我们非常认同李宗江的观点，因此，我们在研究时，对"语篇功能"的界定是，该言语行为标记的核心语用功能是语篇性的，不排除它在其他语境中具有人际功能、概念功能的可能性。

由此，我们认为，言语行为标记在具体语境中有其核心的功能，也常常表现为多种功能的交织，如图2-2所示。

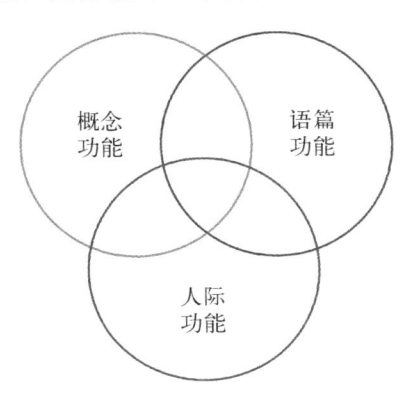

图2-2 言语行为标记三大功能之间的关系

## 第三节 小 结

本章论述了言语行为、支持性子行为/标记性子行为、言语行为标记、语篇支持性言语行为标记这几个概念。

本书所指的言语行为，更多是指"新言语行为分析"中的言语行为，是一个上位概念，由言语行为这一核心概念出发，可以推导出一系列工具性范畴。言语行为都带有意图性，其意图结构可进一步推衍，包括意图性子行为与支持性子行为，支持性子行为又可以做出进一步的推衍。

由此可知，支持性子行为/标记性子行为是言语行为的下位概念，也可称之为"言语行为标记"。

由于语言具有三大元功能，因此，支持性子行为可以进一步推衍为概念支持性子行为、人际支持性子行为和语篇支持性子行为三个类别，也即言语行为标记可以进一步分为概念支持性言语行为标记、人际支持性言语行为标记和语篇支持性言语行为标记。语篇支持性言语行为标记是本书的研究内容，对其中语篇支持性的理解建立在如何理解语篇与语篇功能的基础上。

我们认为，语篇支持性言语行为标记最主要、最核心的功能是语篇支持功能，表现为对意图的实现、使命题成立，有别于构建命题的边界性和概念的准确性、构建人际的互动性，而是在语篇的构成、衔接和连贯上构建同一性和解释性的标记性成分。

这里要说明三点：一是一个具体的言语行为标记可能同时具有三种功能；二是三种功能在一般情况下是有主次之别的；三是概念支持、人际支持、语篇支持三者之间不是非此即彼的关系，而是互相交叉、互相渗透的关系。

# 第三章
## 基于功能的"语篇支持性"言语行为标记分类系统

前文已经说到言语行为标记具有概念、人际、语篇三大功能。三种功能之间不是非此即彼,而是互相渗透的;一个具体的言语行为标记可能同时具有三种功能支持;一个具体的言语行为标记,在具体话语中(语境中)体现不同的功能支持性,在一般情况下是有主次之分的。

语篇支持性言语行为标记,顾名思义,这类言语行为标记主要的功能是构建语篇的连贯性和话题的互文性,构建语篇的同一性和解释性,主要体现语篇功能。当我们想要对其进一步分类的时候,前提是要明确一个语篇功能系统,然后将相应的标记以这个系统来定位。

"语篇功能"是一个比较笼统的称说方式,它表现为哪些具体的、细化的功能?前人对标记性成分所具有的功能进行了广泛的讨论,并在此基础上对标记性成分进行各种类型的划分。然而,前人对功能的认识和讨论是否充分?还存在哪些问题?本书的研究对前人的研究有哪些可以借鉴,又有哪些可以修正和拓展?语篇支持性言语行为标记具有哪些具体的语篇(支持)功能?在此基础上可以建立怎样的分类体系?本章主要探讨这些问题。

## 第一节 标记性成分的功能及分类研究概述

言语行为标记是多功能的,这一点毋庸置疑。在言语交际中,为了更好地实现自己的交际意图,言语主体会有意或无意地使用某些言语行为标记。而这些被使用的标记也从多个角度、多个方面发挥自己的作用,或是开启话题,或是调节人际关系,或是填充思维空白等,使听话者以最小的努力和代价就能理解说话者的意图,但是从根本上讲,还是为了帮助实现说话者自身的意图。言语行为标记的语篇功能,说到底是为意图实现服务的,是一种支持性的功能。那么,言语行为标记的多功能性主要体现在完善语篇方面有哪些子功能?在对语篇功能的支持性方面,言语行为标记究竟发挥了哪些具体作用呢?前辈学者们的研究构建了怎样的功能系统?有必要对此进行回顾。

根据前文所述,由于理论背景不同,对标记性成分功能的认识就会不一样,(前人在讨论这一类问题时,使用最多的是"话语标记"这一术语,我们在回顾前人的研究时遵从其本人的叫法)究竟有多少具体功能,各种观点百花齐放,尚未达成一致。

Schiffrin(1987)详细考察了话语标记的功能,认为它的主要功能是增强话语连贯性,并归纳了话语连贯的五种模式(交换结构 exchange structure、行为结构 action structure、意念结构 ideational plane、参与框架 participation framework、信息状态 information state)进而提出"语境坐标"(contextual coordinates)的概念。话语标记的功能类似坐标,将话语在语境中的位置标示出来。这种坐标的作用,具体说来有三个方面:一是指话语标记可以通过以上五种模式对话语进行定位,看其属于哪个层面;二是指为参与会话的交际主体提供话语指引;三是指为话语标记所在的上文或者下文提供引导。总的来说,话语标记全方位地、综合性地在话语连贯中发挥作用。

安德烈亚斯·哈·尤克尔(Andreas H. Jucker)和雅埃尔·兹夫(Yael Ziv)曾总结了一些他们研究过的话语标记可以具有的功能,如表3-1所示。

表3-1 话语标记的功能归纳

| 功能名称(英文) | 功能名称(中文) | 笔者的归类(按三大功能类型分类) |
| --- | --- | --- |
| discourse connector | 连接 | 语篇功能 |
| turn-takers | 话轮转换 | 语篇功能 |
| topic-switchers | 话题转换 | 语篇功能 |
| fillers | 填充 | 语篇功能 |
| repair | 修复 | 语篇功能 |
| confirmation-seekers | 求证 | |

续　表

| 功能名称(英文) | 功能名称(中文) | 笔者的归类(按三大功能类型分类) |
| --- | --- | --- |
| intimacy signals | 表示亲密 | 人际功能 |
| hesitation markers | 表示犹豫 | 人际功能 |
| prompters | 提示 | |
| attitude markers | 表明态度 | 人际功能 |
| hedging devices | 表示模糊 | |
| boundary markers | 边界标识 | 概念功能 |

资料来源：徐赳赳.现代汉语篇章语言学[M].北京：商务印书馆,2010：267.

我们认为,其中前五项——连接、话轮转换、话题转换、填充、修复是比较明显的属于语篇功能的子功能。

国外众多学者对标记性成分的功能进行过大大小小不同层次的分类,如表3-2所示。

表3-2　国外学者对标记性成分的功能分类

| 分类人 | 功能大类 | 功能小类 |
| --- | --- | --- |
| Halliday and Hasan(1976) | 增补 | |
| | 转折 | |
| | 因果 | |
| | 时间 | |
| Schiffrin(1985) | 引发 | |
| | 应答 | |
| Quirk(1985) | 列举 | |
| | 总结 | |
| | 同位 | |
| | 推断 | |

续　表

| 分　类　人 | 功　能　大　类 | 功　能　小　类 |
| --- | --- | --- |
| Quirk(1985) | 转折 | |
| | 对比 | |
| | 结果 | |
| Crismore et al.(1993) | 语篇功能 | |
| | 人际功能 | |
| Redeker(1990) | 概念 | |
| | 语用 | |
| Fraser(1999) | 连接信息 | 对比 |
| | | 阐发 |
| | | 推导 |
| | 连接话题 | 主题变化 |
| Jucker and Ziv(1998) | 提出信息 | |
| | 接收信息 | |
| Rouchota(1998) | 编码概念意义 | |
| | 编码程序意义 | |
| Hyland(1998) | 语篇功能 | 逻辑连接 |
| | | 标识结构 |
| | | 内指 |
| | | 标识证据 |
| | | 编码注释 |
| | 人际功能 | 含糊表达 |
| | | 明确表达 |

第三章　基于功能的"语篇支持性"言语行为标记分类系统

续　表

| 分 类 人 | 功 能 大 类 | 功 能 小 类 |
|---|---|---|
| Hyland(1998) | 人际功能 | 评价态度 |
|  |  | 标识关系(读者) |
|  |  | 标识主体(作者) |
| Erman(2001) | 语篇功能 |  |
|  | 人际功能 |  |
|  | 元语言功能 |  |
| Blakemore(2002) | 引入语境含义 |  |
|  | 加强语境假设 |  |
|  | 取消语境假设 |  |
|  | 指示话语在语篇中的作用 |  |

有些学者只做了大类的划分，如 Redeker(1990)认为标记性成分的功能有"概念"和"语用"，Erman(2001)认为其有语篇、人际和元语言三大功能，对我们的研究帮助不大。有些学者做了很细致的分类，如 Hyland(1998)认为语篇功能具体表现为逻辑连接、标识结构、内指、标识证据、编码注释这几个子功能，Fraser(1999)认为其有连接信息和连接话题两大功能，连接信息的功能又包括对比、阐发、推导子功能。还有 Halliday and Hasan(1976)提出增补、转折、因果、时间四大功能，Quirk(1985)提出列举、总结、同位、推断、转折、对比、结果七大功能。这些对我们认识具体、细化的语篇功能很有启发，也为我们在依据功能对言语行为标记进行分类时提供了参考。

在国内，方梅(2000)较早地对语义弱化的连词所具有的话语标记功能进行了研究。此外，冉永平、李勇忠、刘丽艳、李宗江、殷树林、李秀明、王蕊、施仁娟等都根据自己的研究体系对标记性成分的功能进行了探讨，他们对标记性成分功能的分类如表 3-3 所示。

表 3-3　国内学者对标记性成分的功能分类

| 分 类 人 | 功 能 大 类 | 功 能 小 类 |
| --- | --- | --- |
| 方梅(2000) | 话语组织功能 | 前景化(设立话题,找回话题) |
| | | 话题切换 |
| | 言语行为功能 | 话轮转接 |
| | | 话轮延续 |
| 冉永平(2000) | | 话题标记语 |
| | | 话语来源标记语 |
| | | 推理标记语 |
| | | 换言标记语 |
| | | 言说方式标记语 |
| | | 对比标记语 |
| | | 评价性标记语 |
| | | 言语行为标记语 |
| 李勇忠(2003) | 语篇组织功能 | |
| | 人际商讨功能 | |
| | 元语言功能 | |
| 刘丽艳(2005) | 语篇组织功能 | 形式连贯功能 |
| | | 内容连贯功能 |
| | 语境顺应功能 | 对语言语境的顺应 |
| | | 对现场语境的顺应 |
| | | 对背景语境的顺应 |
| | 人际互动功能 | 非中心交际活动 |
| | | 中心交际活动 |

续 表

| 分 类 人 | 功 能 大 类 | 功 能 小 类 |
|---|---|---|
| 李宗江(2011) | 关系标记功能 | 标记时间关系 |
| | | 标记逻辑关系 |
| | 言谈组织功能 | 话轮功能 |
| | | 话题功能 |
| | | 谋篇功能 |
| | 人际协调功能 | 互动功能 |
| | | 礼貌功能 |
| 李秀明(2006) | 语篇功能 | 话题结构 |
| | | 衔接-连贯 |
| | | 证据来源 |
| | | 注释说明 |
| | 人际功能 | 含糊表达 |
| | | 明确表达 |
| | | 评价态度 |
| | | 交际主体 |
| 殷树林(2012) | 语篇功能 | |
| | 人际功能 | |
| | 互动功能 | |
| 王蕊(2013) | 概念支持功能 | 限定命题成立边界性条件 |
| | | 揭示命题成立的确定程度 |
| | | 揭示命题成立来源 |
| | 语篇支持功能 | 话轮功能 |
| | | 话题功能 |

续　表

| 分　类　人 | 功　能　大　类 | 功　能　小　类 |
| --- | --- | --- |
| 王蕊(2013) | 语篇支持功能 | 谋篇功能 |
| | 人际支持功能 | 互动功能 |
| | | 评价功能 |
| 施仁娟(2014) | 语篇功能 | 说明来源 |
| | | 总结型 |
| | | 列举型 |
| | | 话题组织型 |
| | | 对比型 |
| | | 时间型 |
| | | 结论型 |
| | | 澄清事实型 |
| | | 递进型 |
| | | 让步型 |
| | | 其他 |
| | 人际功能 | 主观态度 |
| | | 交际互动 |
| 李治平(2015) | 交际语境 | 物理——话语组织功能 |
| | | 社交——人际互动功能 |
| | | 心理——情态表达功能 |
| | 语言语境——衔接-连贯功能 | |

由表 3-3 可知,多数学者把标记成分的主要功能两分或者三分,语篇和人际是被多数学者认可的功能。例如,李秀明(2006)、施仁娟(2014)认为主要功能有语篇和人际;李勇忠(2003)、刘丽艳(2005)、李宗江(2011)、殷树林(2012)、王蕊(2013)等则认为主要有三大功能。各家对功能的表述各不相同。

王蕊研究的范围是汉语"说"类言语行为标记,她的研究对我们很有启发。按照功能,她将"说"类言语行为标记分成三个大类,即概念支持标记、语篇支持标记和人际支持标记,与本书的大类划分是一致的。她对每个大类中含"说"的标记做了分析,把语篇支持标记又分为话轮功能标记、话题功能标记和语篇衔接功能标记。我们认为,对这部分的研究还可以做得更细致、丰富。

综观前人的分类情况,我们发现存在以下问题:

第一,分出的功能大类不在同一层次上。比如李勇忠(2003)认为主要功能有语篇组织功能、人际商讨功能和元语言功能,元语言功能与前两个功能并不在一个层次上。

第二,不同的功能之间区分不明显。比如殷树林(2012)认为标记性成分主要有语篇功能、人际功能和互动功能,但对人际功能与互动功能之间的区别并没有说清楚。

第三,功能小类的划分过于粗疏,或是覆盖面不够广泛,或是类目繁杂不成体系,或是内部不均质,分类混乱。比如,施仁娟(2014)在语篇功能下分出 11 个功能小类,内容繁杂,缺乏系统性,且有些功能小类是否属于语篇功能还有待讨论;王蕊(2013)的研究因为只针对"说"类言语行为标记,所以语篇功能下只有 3 类,覆盖面不够广。

不过,从前人对功能的概括和分类出发,深化了我们对这一问题的认识,有助于我们进一步思考如何更好地构建一个基于功能的分类体系。刘丽艳(2005)将语篇组织功能分为形式连贯与内容连贯两个部分,方梅(2000)将功能大类概括为话语组织和言语行为两大功能,李宗江(2011)对关系标记功能和言谈组织功能进行划分,王蕊(2013)的概念、语篇、人际三大功能分类,都对本书分类体系的构建有很大的启发和借鉴作用。

## 第二节 "语篇支持性"言语行为标记分类体系

### 一、分类依据

基于系统功能语言学理论中关于语言具有概念、人际、语篇三大元功能的论述，以及"新言语行为分析"中关于言语行为意图结构的论述，结合王蕊（2013）对言语行为标记三大支持性功能的论述，从功能的角度出发，我们已将言语行为标记分为概念支持性、人际支持性和语篇支持性三大类。

我们从语用功能的角度出发，吸取前人对标记性成分功能研究的有益成果，对语篇支持性言语行为标记的分类做进一步讨论。

Schiffrin（1987）在研究话语标记的功能时曾提出，话语标记主要用以提示话语与话语的关系、说话者与话语的关系、说话人与听话人的关系。比如 and 在谈话中有两个角色：标记并列的话语单元（idea unit）和说话人行为的继续。如以下两个例句：

① You see … if abunch of girls are in the class，**and** one girl is not so bright，she may not feel too good about it，but is she couldn't care less what you thought of her …

② Jack：No. There wasn't. **And** … that's the way we use the word 'communism'.

例①中的 and 连接两个事件，标记的是并列的话语单元。例②中的说话人努力重获对谈话主题的控制权，他的论题以 and 开始，and 的功能是标记说话人行为的继续。① 可以看出，在研究中，这是从静态的"话语"和动态的"说"两个层面、不同的角度对话语标记的功能做出了概括。

依据我们对言语行为的理解，言语行为是人类行为中使用语言进行信息交换的行为，是一个主体与另一个主体之间用语言来进行信息交换，在这个言语事件中，既包括发出的一段"话语"，即言语行为中的话语部分，也包括"说"这一言语行为过程。由此可知，言语行为可以做两个层面的理解，即动作层的"说"和语义层的"所说"。

那么在支持性子行为的层面，支持性言语行为标记既在"说"的层面对说话人的动作连贯提供支持，又在"所说"的层面对说话人说出的语篇的语义连贯提供支持，也可以进一步剖析为在动作层和语义层两个层面提供支持。

语篇支持性言语行为标记，总的来说，是对语篇连贯性和整体性提供支持。由上可知，这种支持可以从两个角度来看待：一方面，言语行为是以言行事，从交际活动的角度出发，言语行为标记是对行为活动的衔接、连贯提供支持，即动作层支持；另一方面，语篇是一个语义完整的统一体，意义是语篇交际的主要内容②，言

---

① 张文贤.现代汉语连词的语篇连接功能研究[M].北京：北京大学出版社，2017：12.
② 叶枫.语篇语义学[M].北京：世界图书出版公司，2017：1.

语行为标记在语篇语义内容方面表现出的衔接、连贯即语义层支持。我们从言语行为的动作层和语义层出发，考察言语行为标记，特别是其在动作层和语义层不同层面的语篇支持功能，从顶层设计到理论体系保持了言语行为理论的一致性框架。

据此，本书将语篇支持性言语行为标记分为语义连贯标记和动作连贯标记两大类。这两个类别之间不是非此即彼、截然分开的，而是从两个不同的角度反映了言语行为的语篇支持功能。

## 二、分类过程

我们将语篇支持性言语行为标记分为两大类后，如何确定每个大类下所包括的标记项目呢？

我们先以李宗江和王慧兰的《汉语新虚词》(2011)一书中"语篇关联语词典"部分所列的词语项目为基础，同时以中国知网中"标记""话语标记"为检索词而检索出的以个案研究为主的单篇论文作为有效补充，得到四百余条词语项目，其中相同词语的变体形式视为一条，例如将"长话短说"和"长话短说吧"看作同一条目，然后在此基础上做出进一步筛选。由于本书研究的是语篇支持性言语行为标记，因此，在考察一个个具体的标记时，我们将核心功能是表达人际支持性的主观态度、情感的标记和表达概念支持性、构建话题边界性条件的标记排除在外。例如，以表达概念支持功能为主的限定命题成立边界性条件标记如"对……来说""在……来说"等，揭示命题成立的确定程度标记如"一般来说""肯定地说""在某种程度上说"等，揭示命题成立来源的标记如"据说""听说""有人说""按理说""照一般情况说""按我说""照他说""正如……所说"等，表达人际支持功能为主的互动功能标记如"听我说""我告诉你""我跟你说""要我说""不是我说你""你别说""你说""你说呢""你说你"等，评价功能标记如"怎么说呢""随便说说""实话告诉你""说句良心话""坦率地说"等，不在本书的讨论范围之列。[①]

我们力图集中对汉语中典型的、以语篇功能为核心功能的语篇支持性言语行为标记加以分析。筛选后，我们得到以语篇支持功能为主（不排除兼有其他功能的）的条目二百余条（同一标记的不同变体形式归为一条）[②]，初步确定了本书

---

[①] 以上分类及举例参考王蕊.汉语"说"类言语行为标记研究[D].上海：华东师范大学，2013.
[②] 具体条目见本书附录。

的研究范围。

接下来我们的目标是对这些条目进行整理，按照功能重新分类和归类。我们对二百余条项目逐一考察，利用语料库、工具书、网络资源以及自身语感，考察每个条目的使用语境，列出每个条目的主要功能，将不同功能的项目先按照语义连贯或动作连贯进行大类的划分。

例如"得（得了、得了吧、你得了、得啦、得嘞）"这一条目，我们认为在交际中至少有以下三种功能：

① 结束当前话题，如：

良心是不能敷衍的！得！我不愿再说了，你有什么事？（老舍《赵子曰》）

② 不赞成某种说法或做法，如：

"（他）说潘估军好，比你对我好。"

"得了吧，我还不知道他，在外边花着呢。"（王朔《过把瘾就死》）

③ 回应对方的请求或建议，如：

四嫂：刘巡长，二嘎子呀，可是个肯下力、肯吃苦的孩子，您就多给分分心吧！

巡长：得，四嫂，我必定在心！我说四嫂，教四爷可留点神，别喝了两盅，到处乱说去！（老舍《龙须沟》）

"得"这一标记具有多功能性，在分析这一条目时，我们先是把以概念支持功能和人际支持功能为核心功能的排除在外。例如在"得"的上述例子中，后两例中的功能为表明自身态度、回应对方，表现为较明显的人际功能而非语篇功能，我们将之排除在外；例①中结束当前话题的功能则属于语篇功能，予以保留。语篇功能包括语义连贯和动作连贯，话题是以交谈内容为基础而提出的概念，其开始和结束意味着语义内容的开始和结束。据此，我们将"得"的"结束当前话题功能"划分至语义连贯这一大类中。

其余条目也是如此，先将两大类别划分好，然后将具有相同、相似功能的条目进行归类，经过层层分类和归类，得出本书的分类体系。

## 三、体系构建

语篇分析是一种动态分析，语篇既是产品（product）又是过程（process）。言语行为活动既是动态的"说"，其结果又表现为静态的语篇，即"所说"。据此，我

## 第三章 基于功能的"语篇支持性"言语行为标记分类系统

们将语篇支持性言语行为标记从过程和产品两个维度进行分类,得到了动作连贯标记和语义连贯标记,这两个类别不是非此即彼、截然分开的,而是从不同的角度和层面去考察的。

从动作层面来看,说话人"说"的行为,从开始到结束,起承转合之间往往伴随形式上的标记,而言谈中无论是一人独占话轮还是多人轮流说话,在"说"的连贯形式上都表现出类似的特征,由此,我们按照言语交际活动的发生过程,将其按照言谈起始、持续和结束来划分。

从语义层面来看,我们参考前人的研究成果,着重于对具体语料的考察,在对言语行为标记进行逐个案分析后,将功能相同或相似的项目再进行归类,总结出标记时间关系、逻辑关系、语义阐释、填充、话题内容的连贯等,都是在语义连贯这一大类下的具体功能。其中每个小类下,通过具体的语料分析,又可以再分类、归并(具体分类和归类的情况将在后文展开),由此得出本书的分类体系(如图 3-1 所示)。

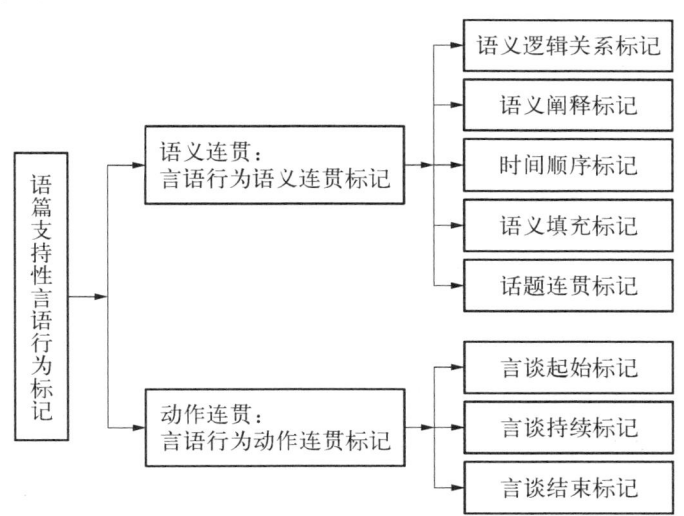

图 3-1 语篇支持性言语行为标记分类系统构建

# 第四章
## 语义连贯：言语行为语义连贯标记

语篇的衔接-连贯功能是言语行为标记的一项基础性的功能。如前文所述，有学者称所有的言语行为标记都具有语篇衔接-连贯的功能，这是把这项功能泛化的说法。一方面，衔接-连贯功能是语篇的基本功能；另一方面，语篇功能是语言的三大元功能之一，任何言语行为，其概念构成和人际关系都要落实为语篇才能得以实现，因此作为言语行为支持性子行为的一部分的言语行为标记，或多或少具有一些这方面的功能。

然而，什么都包括等于什么都没有，模糊了功能，没有了分类，也就没有了进一步的思考。为了更深入地认识这些标记，必须明确其核心功能，不同的标记之间以核心功能相互区别。本书在考察标记时，将语篇衔接-连贯作为核心功能放在首位，将这一类言语行为标记与以人际功能、概念功能为主的标记区别开，有针对性地进行研究。

语篇衔接-连贯功能是个很广泛的概念，在以此为核心功能的类别下，我们从静态的语篇"所说"和动态的语篇"说"两个层面对言语行为标记进行分析。

本章将从"所说"的层面，围绕言语行为语义连贯标记进行讨论，从研究方法上说，我们将在此之下进行更具体的分类和归类。通过对具体标记的考察，我们发现在语义连贯方面，言语行为标记体现了五种主要的功能，即表明语义逻辑、进行语义阐释、明确时间顺序、填充连贯话语和连贯话题内容。我们按照这几个大的功能将收集到的标记进行分类，在每个类别中又按照具体功能的不同继续细分，然后在小类内部逐个考察分析。在此基础上，若发现个体与个体之间有共性特征，我们就再讨论它们的归类问题。也就是说，在大类下讨论分类问题，在小类内讨论归类问题，由此，进一步拓展、充实我们的分类系统。

第四章　语义连贯：言语行为语义连贯标记

# 第一节　语义逻辑关系标记

传统上认为,在一个语篇中表达语义逻辑关系和时间顺序关系(如因果关系、让步关系、条件关系、转折关系、先后关系等)的主要承担者是连词。20世纪80年代以后,随着研究范围的扩大,副词和其他具有篇章连贯功能的短语,甚至小句也被认为有此功能。①

方梅(2000)把连词分为有实义的连词和弱化连词,这两类的用法有所不同。对于有实义的连词来说,它们的功能体现为表达真值语义关系,如可以表达语义逻辑关系、事件关系和时间顺序关系等,以往的著述,如《现代汉语八百词》中对连词的描写主要侧重于这个方面;而对于弱化的连词来说,它们的主要功能是表达非真值语义关系,使语言单位之间可以衔接-连贯起来。方梅认为弱化了的连词主要是作为话语标记而发挥功能的,也就是说,话语标记(弱化了的连词)只具有非真值语义表达功能,不表达如语义逻辑关系、时间顺序关系等真值语义关系。

由此可以看出,话语标记与传统虚词,特别是连词、篇章连接成分的关系如何,在学界是一个颇具争议的问题。话语标记是否具有真值语义表达功能,与它们的范围如何界定有关。有学者认为,所有篇章连接成分都可以算作话语标记,将话语标记从广义上划分;而有的学者将弱化了的连词的话语标记功能作为非真值语义表达功能,与连词的真值语义表达功能相区别,这是将话语标记用狭义的范围来理解的。

"真值语义"是由真值语义学所提出的概念,来源于逻辑学。20世纪初,波兰逻辑学家阿尔弗雷德·塔斯基(Alfred Tarski)撰写了《形式化语言中的真理概念》一书,其中提到在描写词义时可以借助判断句子是否为真的一系列充分必要条件来进行,由此奠定了形式语义学的基础,也被称为"真值语义学"。Saeed(2000)指出句子真伪的判断依据是,若一个陈述句所述命题与客观事实相一致,那么这个句子为真;反之则为伪。句子的真伪也即句子的真值,用来判断其真伪的客观事实就是句子的真值条件,这个真值条件就代表了句子的意义。阿尔弗雷德·塔斯基曾提出一个著名的真值公式,即"X 为真当且仅当 P",这一公式被

---

① 廖秋忠.廖秋忠文集[M].北京:北京语言学院出版社,1992:62.

形式语义学派用来推导句子的意义。形式语义学的理论在当代语义学领域产生了很大的影响，不过其关于句子的意义由其陈述的客观事实来判断带有明显的局限性。很多学者对此有过论述，如很多非陈述句有专门的意义但并不存在真与假的问题。

多数研究认为话语标记（言语行为标记）不具有真值语义和概念意义，即不对其所在的话语命题的真假产生影响，其本身的意义比较虚化。冯光武（2004）认为只有信息来源标记语具有真值条件意义。

言语行为标记是否具有概念意义，不能一概而论，很多言语行为标记是从实词虚化而来的，是否保留概念意义、保留多少，每个标记的情况都不同。邢欣和白水振（2008）以话语标记语所含信息量的大小作为划分标准，将衔接语分为"不含信息量的""信息量小的"和"信息量大的"三类，由此可见一斑。言语行为标记是否具有真值语义，我们在此不作讨论，也不以此作为判定是不是言语行为标记的标准。

我们认为言语行为标记不会增加所在语句表达命题的概念内容，也不影响句子真值条件的成分。但可以确定的是，言语行为标记可以表达或提示逻辑语义关系、时间顺序关系等真值语义关系。

本书对言语行为标记的范围持"广义"意见。从广义上来说，作为一个言语行为中不直接承载意图，而对意图的实现提供支持性的信息，对语篇的衔接-连贯、完整性提供支持的篇章连接成分[1]都在本书研究的范围内。由于出发点不同，所依据的理论背景不同，因此本书的研究范围与传统虚词、篇章连接成分有一定程度的交叉，具有真值语义表达功能和非真值语义表达功能。

所谓"语义关系"，是一种隐含于句法结构内部的由词语语义范畴构建的关系，具有客观性。这种语义关系不是由言语行为标记创造的，即便没有言语行为标记，语义关系也是客观存在的，而使用言语行为标记的意义在于它们对前后文之间的语义关系具有提示作用。它们的核心意义是程序性地表达其中的语义关系，因而不会影响话语的命题意义，只是引导受众识别话语前后的语义关系，便于理解话语。

通过实例考察，我们认为言语行为标记对上下文的逻辑语义关系具有提示作用，很多言语行为标记在这方面的用法是由原本具有实在意义的逻辑连接词

---

[1] 这里的篇章连接成分特指不增加所在语句表达命题的概念内容，也不影响句子真值条件的部分。

逐渐虚化而来的,我们把这类标记称为"语义逻辑关系标记"。它们的主要功能就是突出前言与后语之前的逻辑关系,承上启下,加强上下文之间的逻辑关联,使语篇更连贯、统一。

通过对我们收集到的二百余条言语行为标记逐个考察和分析,我们发现,其中一部分标记主要表达语义逻辑关系,具体来说,表现为以下八种:原因、让步、条件、结果、结论、转折、目的、选择。于是,我们将它们分成八个小类,在每个小类中包含若干标记,我们依次进行分析,最后在小类内,某些标记若有共性特征,我们就会讨论它们的归类问题,沿着"在大类下讨论分类问题,在小类内讨论归类问题"的思路进行分析。

由于每个言语行为标记具有自身的个性,很多标记又是多功能的,因此在分析功能时难以用"一刀切"的做法去划分。根据认知语义学中的原型范畴理论和家族相似性原理,我们知道,任何一个范畴,其中心是明确的、典型的成员,而边缘是模糊的、非典型的成员。因此,我们以核心功能为重,以分析典型成员为主,也会简略提到一部分兼具其他功能的非典型成员。

## 一、原因标记

此类标记常常提示上文或下文是有可能的原因或理由,如"本来""本来嘛""原来""是这样""是这样的""是这么回事(儿)""主要是""说不上是""可不是""可不是嘛""可不是咋的"等。

1. 本来(本来嘛)、原来

"本来"的语义比较丰富,有多项含义,《现代汉语八百词》中认为它们有形容词、副词两种词性,副词的用法又细分为两项,一是表示原先、以前,二是表示按道理应该这样。

金晓艳和澎湃(2011)考察了"本来""原来"在篇章中的位置,认为它们可被看作时间连接成分衔接上下文,判断依据是看篇章中是否有"现在的"或"改变之后"的后续事件与之相对,如"本来……,最终……"。例如:

(12) 他<u>本来</u>每年都要去苏州老家过年,今年为了拼年底业绩,过年也没回去。(作者自拟)

(13) 在检验科,<u>原来</u>肝功能澳抗检查 3 至 5 天出结果,现在两天内出结果。(《人民日报》1995 年 6 月 15 日)

例(12)中"今年"与"本来"相对照,例(13)中"现在"与"原来"相对照。我们认为从这个意义上来看,"本来""原来"表示"以前"或"开始"的意义确实可以提示时间关系,只不过这种时间性不是明显的提示,而是隐含在篇章中的。"本来"表示"以前"或"开始"的意义既可以是从时间上说的,也可以是从事理上说的,含有"按道理、理所当然、显而易见"的意味,这两种语义常常融合在一起,很难分开,由于它们不是明显表达时间关系的,因此我们暂不将它们看作时间连接成分。

"原来"除了表示原先、以前,还有另一个义项,就是表示原因。例如:

(14) 三天以后,人们发现耶稣的墓门自行打开,耶稣的尸体不见了,<u>原来</u>他已经复活。(程力华《中国儿童百科全书》)

(15) 在济南,社会福利院最为冷清,<u>原来</u>这里的孩子早在春节前就被市民们领回家去过节了。(《人民日报》1995年2月1日)

以上例句中的"原来"都连接了原因,我们认为在这里它是作为言语行为标记中的原因标记出现的。"本来"+"嘛"构成"本来嘛"只能表原因而不再隐含时间意义。作为言语行为标记的"本来""本来嘛",在提示原因时表达这种理由是从事理上说的,含有"按道理、理所当然、显而易见"的意味。它们在语篇中具有独立性,其后常有停顿。它们在语篇中用于提示下文是有可能的原因或理由,将语篇前后的逻辑关系点明,使语义连贯起来。例如:

(16) 每次借钱以后他都找各种借口不还钱,<u>本来</u>,看在乡里乡亲的情面上,我不想多说。(作者自拟)

(17) 丈夫张建国在妻子面前说:"为了当好教师,你真可谓无私奉献了。"每天,牛亚玲都回来得很晚,家务全部推给丈夫张建国。"<u>本来嘛</u>,当教师如果没有红烛精神,还何以为人师。"亚玲说。(《1994年报刊精选》)

(18) 钱锺书的女儿圆圆(钱瑗)大约两岁半时,有个表姐比她大两岁,读上下两册《看图识字》。一张小桌子两边坐着两个孩子,一个读,一个旁听。后来杨绛觉得女儿喜欢《看图识字》就也给她买了一本。有一天大家拿这本新买来的书叫圆圆念,"圆圆立即把书倒过来,从头念到底,一字不错。这是怎么回事儿?<u>原来</u>,圆圆每天坐在她小表姐对面旁听,她认的全是颠倒的字,当然,后来特地买了一盒方块汉字教她。"她只看一眼就认识了,不用温习,全记得。"(杨绛《我们仨》)

例(16)和例(17)中"本来""本来嘛"之后提示了原因,是从情理上说的;例

(17)中含有"当教师有红烛精神,是理所当然的"的意思;例(18)中,上文有以前不知道的情况,在"原来"之后引出表示原因的内容,表示发现了原委,有恍然大悟的意味。

2. 是这样(是这样的)、是这么回事(儿)

"是这样"有很多变体形式,如"是这样的""是这样子的""是这个样子的"等,与"是这么回事(儿)"语义相同。关于"是这样",已有不少人讨论过它的功能,多数是在语篇功能的范围里讨论的,如王长武(2014)认为它有解释原委、开启话题、停顿填充等语用功能,孙青波和王琦(2017)认为它有阐述、补充更正、凸显信息、话轮接续、抢占话轮、结束话轮的功能。也有人讨论到它的人际功能,如郭玉莲(2012)认为它的主要功能是提醒、信息追加和表示态度。我们认为,"是这样"主要是表达语篇功能。郭玉莲(2012)中"表示态度"的用例如下:

① 顾客:哎,你们的车到底什么时候到啊?

　　服务员:啊,再等一会儿,马上就到。

　　顾客:喔,是这样吗?好像半个小时前你们也是这么说的吧。到底还得多久?

② 顾客:拿一杯热的柚子茶?

　　服务员:不好意思,柚子茶没有了,要不来杯热橙汁?

　　顾客:啊,这样啊,那就算了吧。

以上例句中"是这样吗""这样啊"在具体语境中推导出"不满、失望"的态度,可以看出这与本条中"是这样"不是同一条目。

考察"是这样"的语篇功能,可以从话轮、话题、语义、信息等多个角度入手。我们认为,从语义连贯的角度来看,"是这样"主要用于提示原委,即表达上下文之间的因果关系。① 信息追加、凸显信息的功能是包含在提示原委中的功能,提醒功能则是在解释原因时附着提醒,不是其最为核心的功能。

一般来说,提示原因的内容在原因标记后出现,"是这么回事""是这样(的)",在使用时,常常作为陈述原因的起点出现,也由此开启一段表示原因的语段。例如:

(19) 下一站,奔前门,国营的大店,这次是中平唱主角:"同志,请问你们哪位是经理?是这么回事,我们是北京银梦时装厂的,厂里最近请中央工艺美院的同志设计了几个新产品,还没有批量生产,主要是想听听意见……"(《人民日报》1988年

---

① "是这样"从话轮、话题角度切入的那些功能,我们后文会谈到。

7月16日)

(20) 起明：请等一下。您是老板娘吗？我可不可以见一下你们老板？

阿春：这里的事情我做主。

起明：<u>是这样</u>。孙先生让我来找您一下，带封信给您，说这儿有一份工作。（电视剧《北京人在纽约》）

不过，与其他原因标记不同的是，"是这么回事（儿）""是这样（的）"，在使用过程中也可用于句末，表原因的内容可位于标记前，它们的功能是在原因陈述完后，作为原因的完结标记出现。例如：

(21) 咱们这儿本应当是归南城，这归南城里头儿。要在外头儿，要出了这右安门外那就归远郊区了，是不是，咱们这儿归城里。那边儿过，您出了就是右安门外头儿就归郊区了。咱们这儿还归外城。还是听老人传哪，这儿归南城。北城，啊，这不前三门儿吗，往北那都归北城。啊，清河，你们那儿都归郊区。都是城外头儿，都归城外头儿了。原先修北京城，听老人说呀，后修的那南城，先修的是北城，北边儿那个，哎，<u>是这么回事儿</u>。（1982年北京话调查资料）

(22) 人家这会儿多大造化呀！咱们家的媳妇不是都瞧出来了吗？多大造化，可知道出去工作挣钱。那会儿不挣钱，要不得跟人要钱花，是不是。（对了。）<u>是这样的</u>。（1982年北京话调查资料）

由以上两例可以看出，在标记前是解释说明原因的内容，"是这么回事儿""是这样的"用作前文原因解释的结束语，置于语篇末尾，以结束语篇。

3. 主要是

该标记提示在它之后的下文为上文内容的主要原因，表达因果关系使上下文语义连贯起来。例如：

(23) 现在大城市青年男女的初婚年龄越来越大了，<u>主要是</u>大城市的生活压力比较大，人们把精力都放在打拼事业上了。（作者自拟）

例句中，上文提到现象"大城市青年男女的初婚年龄越来越大"，然后由"主要是"引出下文的原因分析。

4. 说不上是

此言语行为标记提示了下文是几个可能的原因，具有推测、揣测之义，含有对原因不确定的语义。例如：

(24) <u>说不上是</u>没有来得及还是一时忘记了，他没有向赵兴旺提及多年以前他们共同

在山上的烽火台下埋钱的事,赵兴旺的话题也压根就没说到那么远。(吕新《哑嗓子》)

从例句中可以看出,"他没提埋钱的事"的原因可能是没有来得及,也可能是忘了,由"说不上是"引出两个可能的原因,原因并不确定。

5. 可不是(可不是嘛)、可不是咋的

这几个言语行为标记具有鲜明的口语化特点,引出与上文所发生事情的原因有关的内容,有"当然如此"的意味,从人际功能的角度看,也含有寻求认同的互动感。根据认知语义学中的原型范畴理论和家族相似性原理,我们认为"可不是(嘛)""可不是咋的",属于语篇支持类的非典型成员,也具有人际支持功能。例如:

(25)巴士从对街转过来,停在我们面前,几十个座位只有几个没空着。<u>可不是</u>,谁不趁寒假回家走一趟。(梁凤仪《弄雪》)

(26)越到大事来临越睡不着,<u>可不是嘛</u>,谁参加答辩不紧张啊?何况这次答辩关系到以后的工作和生活呢。(作者自拟)

(27)眼瞅着办婚礼的日子越来越近了,这两天新娘子家里跟赶集似的。<u>可不是咋的</u>,这上门贺喜的、来帮忙的、叙旧的,平日见不着的亲戚朋友都趁着喜事来凑热闹了。(日常会话)

例(25)和例(26)中"可不是(嘛)"引出的都是反问句,表示肯定的语义,表示原因:趁寒假都要回家一趟,参加答辩都会紧张。例(27)也是引出原因,并含有"发生这样的情况是情理之中,理所当然"之义。

## 二、让步标记

从语义上来看,这类言语行为标记往往承认所在小句的事实,表示一种让步、妥协的意见,下文通常伴有转折、递进的语义。由于语义关系比较复杂,我们无法把大千世界中的各种语义关系都划分清楚,因此,暂时将它们统归入表示让步语义这一类。此类标记多以"看""说""讲"为中心语素,如"别看""你别看""就说""就说吧""退一步说""退一步讲""不说""且不说""不敢说""怎么说""再怎么说"等。

由"说"为中心语素构成的"X说"结构,在汉语里非常丰富。许多已经完成词汇化的"X说"如"话说""据说""难说""虽说""别说""按说""再说"等已经被词典收录。有些"X说"虽然还没被词典收录,但"说"的意义已经发生了改变,引申或虚化了,比如"所以说""就是说""比如说"等。

董秀芳(2003)认为部分"X说"具有篇章衔接功能,"怎么说""再怎么说"蕴含让步的逻辑关系,"不说"所在的分句与其后分句之间蕴含让步关系。"X说"中的"说"由最初表示言说引入一个用言语表达的命题,语义逐渐虚化,"说"成了一个类似后缀的成分,无实义。

1. 别看(你别看)

"你别看"由第二人称代词+"别看"构成,可以看作"别看"的变体形式,其中的人称代词"你"已失去具体的指称义,出现固化倾向。乐耀(2010)在研究北京话中的举例标记"你像"后指出,其中的"你"的作用类似于我们日常生活中的称呼语,目的在于引起听话人"你"的注意,增强人际互动,让听话人关注说话人要说的话。张金圈(2016)认为"你别看"中的"你"凸显了其人际互动性。

表示让步关系的标记"别看""你别看"的中心语素"看"的语义已由观察义转为认知义,表达"觉得、认为"的意义。这类言语行为标记承认所在小句的事实,下句常伴有转折或者递进语义,类似于"虽然说""尽管""就算""即使"。例如:

(28) 村民自愿入股经营,夏天搞水上游、森林游,冬季换成滑雪、狩猎,<u>别看</u>这旮旯里的寻常山水,每天招引来三百多游客呢!(《人民日报》2000年8月17日)

(29) 李长在说:"娘,以后你这脾气也改改,那郭家什么事儿干不出来?"

李母剜了李长在一眼:"改了就不是你娘了!"

铁榔头接过来说:"<u>你别看</u>,我挺欣赏我姑这脾气。爱憎分明,血性十足,典型的冀中妇女本色。"(李西岳《血地》)

刘焱(2009)从认知的角度分析,认为"别看"是一个反预期标记,它的核心意义是表示实际认知与预期认知相反。彭思(2015)认为"别看……"引出的这类句式具有褒扬义,采用的是先抑后扬的写法。例(28)中"别看"引出的小句中说到"寻常山水",意味着预期认知是"没什么好看的,游客应该不会多",而下文实际的情况却与之不相符,"每天招引来三百多游客"含有游客很多的意思,与预期相反,也含有转折语义;例(29)中"你别看"单独使用,将"你别看她脾气这样爽直\倔\爆"等让步的语义由标记表现出来。从以上例句可以看出,"别看"在前一分句让步,在后一分句传达转折或递进语义。语言事实当中类似"先抑后扬"的表达方式比较常见,"先扬后抑"也未尝不可。

2. 就说(就说吧)

"就说""就说吧"是一类多功能的言语行为标记,在《汉语新虚词》一书中将"就说"依照功能的不同分列为两个词条:一个是表示让步关系的"就说",另一个是表示举例的"就说"。我们在下文还会谈到,此处是表示让步关系的"就说"。

"就说吧"由"就说"+语气"吧"构成,是"就说"的变体形式,下句常伴有转折或者递进语义,类似于"虽然说""尽管""就算""即使"。例如:

(30) 方六直跟大家说:"咱们整整受了八年罪,天天提溜脑袋过日子。今儿个干吗不也给他们点儿滋味儿尝尝?就说不能杀他们,还不兴啐口唾沫?"(老舍《四世同堂》)

(31) 李:不是,不是,我不是说你干什么了。我说他们女同志应该理解咱们男同志。
刘:就说吧,他跟女同志搭个话什么的也没什么。可是他对我不热情了,成天见冷着个脸。(电视剧《编辑部的故事》)

例(30)中"就说"表示"虽然、就算"的让步语义;例(31)中"就说吧"独立使用,其中"吧"是舒缓语气,之后停顿,表达让步语义。

3. 退一步说(退一步讲)

"退一步"原本表示具体的动作行为,指下肢向后迈步,后来在隐喻机制的作用下演化为抽象的让步概念。"说"和"讲"为意义相同或相近的语素,在言语行为标记中,它们的言说意义已经虚化,无实在意义,与"退一步"一起使用表达让步关系,承认上文的事实或现状,引出下文,有"即使如此、尽管如此"的意味。例如:

(32) 把一场足球比赛看作人的一生,那么,控制在运动员脚下不到二分钟的球,就可以看作"机遇"了。于是,我们就会清楚地看到:这种"机遇"通常都是运动员全力以赴,在激烈的拼搏中争夺得到的,并不是"碰运气"得到的;退一步说,一个竞技状态不佳的运动员,在瞬息万变的战局中,即使因为"球运"好,球儿落在自己的脚下,也会因处理不当,没有充分加以利用而"失机"。我这样说,绝非否认生活中由于各种原因,会给有些同志带来"怀才不遇"的缺憾。(《人民日报》1985年6月17日)

(33) 桑拿浴本身肯定是正当的健康娱乐形式,退一步讲即使它带上点副产品,你也要看它是好处多还是害处多吧?你让人们来桑拿浴休息休息,总比让他们去赌钱去抽大麻好些吧?(常温《桑拿小姐》)

例(33)中,"退一步讲"与"即使"连用,使让步的语义关系更加明显。

### 4. 不说（且不说）、不敢说

"不说""不敢说"都是由实义的偏正短语"不＋说"和"不敢＋说"虚化而来的。其中的"说"已不再表达具体言说义。"不说"的语义很丰富，有副词性的用法。例如：

(34) "他也真是的，老朋友要去美国了，也<u>不说</u>来送送，真没有人性！"一个朋友抱怨道。（冰语凝雪《500年的约定》）

(35) 都九点了，银行也<u>不说</u>开一下门。（日常会话）

唐善生（2016）认为，"不说"有标示说话人责怪、埋怨的主观情绪，还有标记反预期、反期望的功能。这一用法不属于本书的讨论范围。

在作为联系上下文的连接成分时，"不敢说"和"不说"引出否定的让步句，相当于"即使不算"。"且不说"为"不说"的变体形式。李宗江（2009）讨论了连词"不说"的语义和语用功能，认为它主要是表达递进的语义关系。王佳珺（2011）认为，这类词语连接上下文，用让步（转折）方式表达了隐含的递进义。例如：

(36) 王喜就躲在离他们不远的地方，<u>不敢说</u>句句都听得真切，却也听了个大概。（陈建功和赵大年《皇城根》）

(37) 我们干部老化的情况<u>不说</u>十分严重，至少有九分半严重。（邓小平《在中央顾问委员会第一次全体会议上的讲话》）

如例(36)、(37)那样的情况，吕叔湘（1982）认为由"不敢说""不说"引出的上句只是陪衬，下句包含纵予句，即先让步引出程度量级高的条件句，再转折引出排除此条件的结果，以此表整句的递进。李宗江（2009）认为，相比于"量级高"，更准确的说法应该是引入次要信息，以突出其后的焦点信息。我们认为这一表述更为准确。

### 5. 怎么说（再怎么说）

语料事实显示，"怎么说"和"再怎么说"有表示实在语义的用法。例如：

(38) 你问我的事儿我不知道<u>怎么说</u>。（作者自拟）

(39) 她只为自己轻声辩驳了两句便不知<u>再怎么说</u>了。（作者自拟）

例(38)、(39)中的画线部分，是具有实在意义的状中短语，不是言语行为标记。

作为言语行为标记时，"怎么说"和"再怎么说"语义上有"不管怎么样、无论如何"的意思，其中"再"和"说"的意义均已虚化。例如：

（40）他有再多的缺点，<u>怎么说</u>你俩也是夫妻，今天来了这么多朋友，别让他当众下不来台。（日常会话）

（41）"<u>再怎么说</u>你也是她妈，生她养她的妈……"（王朔《我是你爸爸》）

王刚（2015）认为"再怎么说"作为话语标记时，主要起到提醒、明示的功能。我们认为，这些属于"再怎么说"的人际功能的部分。从语篇功能来看，例（40）、（41）中标记所在的小句与下文小句之间存在让步语义的逻辑关系。

"怎么说"还有另外的用法——表示言谈过程中的迟疑，有人把它叫作斟酌标记或迟疑标记，这个意义的变体还常常由"怎么说"＋"呢"构成，与我们此处表逻辑语义的"怎么说"形同，功能不同。我们后文会谈到。

## 三、条件标记

条件类的言语行为标记分为两种情况：一是位于表示条件关系小句的句首，相当于"只要"，如"只消""滋"；二是表示一种假设条件，下文是这个假设条件下可能的结果，如"待会儿""回头""哪天""什么时候""试想一下"等。以下分别举例。

### 1. 只消、滋

它们常位于表示条件关系小句的句首，相当于"只要"。例如：

（42）我心中的欲望并未熄灭，<u>只消</u>一丁点的星火，都足以引爆。（苋羽《我的情人会通灵》）

（43）您是长辈，别说您要安热水器，要铺地板，您就是想放把火把这屋子给点了，<u>滋</u>公安局不抓人，我们有什么呀？（电视剧《我爱我家》）

可以看出，以上两个例句中，条件标记表达一种充分条件，与"只要"的语义功能类似。

### 2. 待会儿

该标记表示假设的条件，含有"如果……的话"的语义，假设了一种情形，下文是这个假设情形下可能的结果，也常常位于条件关系小句的句首。由于这种假设通常是假设发生在未来的情形，因此使用的条件标记大多由表将来时间的时间副词进一步虚化而来的。例如：

（44）风把渔铺子吹响了。老刚盯着铺门缝隙里旋进来的雪花，轻声咕哝着："唉，<u>待会儿</u>风搅起雪来，他们会在大海滩上迷路……"他说着，起身去拨炉里的火。（张炜《美妙雨夜》）

(45) 飞毛老六呵呵地道:"好小子,老夫已二十年没见过像你这样的狂夫了,这可是你自己说的,待会儿丢了那条人命,就别怪我老头子下手太重了。"(苍鹰《柳残阳》)

例(44)、(45)都是对未来即将发生情况的假设,表示了一种假设条件关系。

3. 回头

李宗江(2006)讨论了"回头"一词,它最初是一个词组,表示转头的动作,而后逐渐词汇化为一个词,经历语法化后成为表示时间的副词、连接成分。文中指出,"回头"用在一般的假设条件句的分句中,已有向着假设连接词演变的趋向,有"如果、要是"之义。例如:

(46) 你瞧,我们头儿就在那边站着呢,回头我放了你,他该找我麻烦了。(王朔《我是你爸爸》)

(47) 你不用气,回头老大回来,我会教训他。(钱锺书《围城》)

(48) 回头二嘎子误了上学怎么办呢?(老舍《龙须沟》)

(49) 刘大爷,我走啦!回头赵大爷领着老街坊们来,您可多照应点儿!(老舍《龙须沟》)

在以上例句中,从表示时间意义来说,"回头"基本是多余的,可以删去。"回头"的意义在此基础上在不断虚化——从表示假设到仅表示动作或事件先后发生的承接成分,尚加加(2010)曾举例:

> 那阵儿屋里他也好归置,就拿笤帚一扫就得了,也没有什么墩布了,这路玩意儿,也没有,拿拿笤帚一扫,回头一撮,撮外头也就完事儿了。起来呀,回头待一会儿啊,就是上街,你比学徒的他那点儿事儿,早起晚睡,做的头里,吃的后头。(1982年北京话调查资料)

这里的"回头"只是连接前后两个言语行为,作为顺序连接成分的一种标记。"回头"还可以表示将来的某一时间,作为时间标记,多用于非现实句,与条件标记"回头"形式相同,但区别在于,条件标记是假设未来有什么情况发生,以此为条件和前提,会出现什么样的结果,而时间标记只表示未来要做的事情,没有条件-结果这样的逻辑关系。试比较以下例子:

(50) 你瞧,我们头儿就在那边站着呢,回头我放了你,他该找我麻烦了。(王朔《我是你爸爸》)

(51) 这冰箱算我买的,回头我把钱给你,我砸锅卖铁也一分钱不少你!(电视剧《编辑部的故事》)

第四章 语义连贯：言语行为语义连贯标记

可以看出,例(50)中"回头"为条件标记,例(51)中"回头"为时间标记。

4. 哪天、什么时候

这两个标记,原本都是时间副词,表示将来不确定的时间,其后的事件或行为是未然状态,在此基础上,很容易进一步虚化为假设连接成分,连接假设条件句中的条件与结果。例如：

(52)你也不用忙着明儿就找老曹去说。**哪天**我们合计好了,我再求你,你再去说。（刘心武《如意》）

(53)陈毅将军**什么时候**驾临兄弟的防地,请吩咐一声,我马振武亲自驱车相迎！（邓友梅《我们的军长》）

以上例句中的标记,提出一个未来的时间作为条件和前提,下文是在此条件下会发生的事件或结果。

5. 试想一下

"试想一下"表示假设,通过想象出的情况来说明上文的结论。例如：

(54)这样的纪念碑带给人们的当然不可能是自豪感。**试想一下**,来来往往的行人天天看到自己民族和国家的耻辱,而且要子子孙孙地传下去,心头绝不会有轻松愉快之感。（《人民日报》1995年5月14日）

例(54)中"试想一下"表示假设的条件,由它引出在此假设情境中可能发生的状况。

## 四、结果标记

此类言语行为标记是连接上文的事件与下文的结果的。有些标记表明事情发展到最后产生或遇到的情况,如"很自然""很自然地""完了(liǎo)""好嘛""好么";更多的标记则是强调下文的结果是由于受到了上文的影响,如"连带着""一来二去""一来二去的""这么的(di)""就这么的(di)""这么着""这样""这样一来""这一来""这么一来";有些强调结果是不好的,如"到头(儿)来""弄得""弄到最后""弄到后来""闹得""闹到最后""闹到后来""搞到后来";有些则是可能出现的或偶然出现的某种好的结果,如"碰巧""赶巧"。以下分别详述。

1. 很自然(很自然地)

该标记连贯上文的事件与下文的结果,表示这个结果是自然得出的。例如：

(55)六十年代,在整个中苏、中蒙边界上苏联加强军事设施,导弹不断增加,相当于

61

苏联全部导弹的三分之一,军队不断增加,包括派军队到蒙古,总数达到了一百万人。对中国的威胁从何而来?<u>很自然地</u>,中国得出了结论。(邓小平《结束过去,开辟未来》)

例(55)中"很自然地"引出结果,这一结果没有好坏之分,是自然产生的。

**2. 完了(liǎo)**

"了"的发音不是 le,而是 liǎo,下文引出事情发展到最后产生的结果。例如:

(56) 开始你可以大吵大闹,让他觉着这日子没法儿过了,<u>完了</u>,甚至让他连死的心都有了。这个时候儿你再软下来。(电视剧《编辑部的故事》)

"完了"一词具有多功能性,与其语音形式有关:当"了"的发音作完了(le)时,可用于连接先后发生的两件事,也可在说话不连贯时起到填充作用,我们后文会谈到;而当发音作完了(liǎo)时,则是例(56)的用法,只引出其后结果。

**3. 好嘛、好么**

该类标记根据上文所述,引出下文结果。例如:

(57) 现在,进入正题,从赵本山的幽默手法学起。手法之一:夸张要想幽默,最常用的手法,就是夸张。你看卓别林那身行头,那手杖,那衣服,那特大皮鞋,还有他那外八字腿别别扭扭的走路动作,都是夸张,也是幽默。侯宝林说相声,"医生拉开肚皮一瞧,<u>好嘛</u>,剪子忘里面了!"这是夸张。姜昆说,"好家伙,那月饼硬得一摔马路可以砸出俩大坑!"也是夸张。(《人民日报》海外版 2009 年 6 月 19 日)

例(57)中由"好嘛"引出了结果,带有一些此结果出乎自己预料的意味,不过,并没有明显地提示结果的好坏。

以上结果标记用于引出上文所说事件的最终结果,这个结果多是自然产生的,标记并不强调其他方面。

**4. 连带着**

该标记强调下文的结果是由上文的状况导致的,强调因果之间的致使关系。例如:

(58) 如果一些优秀的高科技企业都搞主板去了,创业板的市场形象肯定会受到一定影响,<u>连带着</u>融资功能也会比较弱。(《北京晚报》2001 年 6 月 21 日)

例(58)中"连带着"之后的结果"融资功能也会比较弱"是由前文的"优秀高

科技企业都搞主板去了"导致的。"连带着"强调了它们之间的因果致使关系。

5. 一来二去（一来二去的）

"一来二去的"为"一来二去"的变体形式，该结果标记强调下文的结果，是上文发生的情况累积产生的。例如：

(59) 他常去图书馆借书，一来二去，跟那里的图书管理员成了好朋友。（作者自拟）

(60) 金家今儿的午饭开得挺晚，因为杨妈和金秀一上午净忙活金枝的事了，待到想起弄午饭的时候，还惦记着炒两个金枝爱吃的菜，一来二去的，等到吃完了午饭，已经是下午二点多了。（陈建功和赵大年《皇城根》）

例(59)中，"他常去图书馆"长期积累，导致了下文的结果"与管理员成了好朋友"。标记"一来二去"明示了这种因果致使关系。例(60)也是如此。

6. 这么的（就这么的）、这么着

这类结果标记更加凸显出现下文结果的原因，让人更加理解、信服产生结果的原因。例如：

(61) 康伟业又连贯地请时雨蓬吃了几顿饭。顿顿饭都吃得他快快活活，吃得他觉得自己年轻了许多，吃得他暂时忘掉了一切的烦恼。就这么的，康伟业喜欢上了时雨蓬。（池莉《来来往往》）

(62) 萌萌捂住了亮亮的嘴，她已经不生气了，两人都觉得自己可笑。这么的，小两口就和好了。（作者自拟）

(63) 金一趟派金秀去了趟王家，一来探探病，二来问问小王是不是有意来金家学着当个护士。这么着，有点收入补贴家用，就便可以照顾二老，还能让丫头学点东西，以后别误了前程。（陈建功和赵大年《皇城根》）

以上结果标记更强调出现下文的结果是受到了上文的影响，突出了上文的原因，由因致果，使人更信服其结果。比如例(61)中，"就这么的"其后引出结果"康伟业喜欢上了时雨蓬"，这个结果是如何发生的？结果标记凸显了，由上文的原因导致了下文结果的出现。

"这么着"还有别的语用意义，可以依据上文的情况提出建议。例如：

(64) "这事是我做的不对。这么着，我给您当众赔礼道歉。"（日常会话）

我们认为这一功能更多体现了人际支持功能，而非语篇支持功能。

7. 这样、这样一来、这一来、这么一来

有很多学者针对"这样一来"进行过讨论。邢福义(2001)认为"这样一来"是对上文所说情况的抽象统括。陈前瑞和王继红(2006)指出,"这样一来"通常用在连续的事情中,一般来说,它所指代的事情是已经发生的,"这样一来"所连接的前后事情之间相对来说比较紧凑,它与前后文的联系都很密切,表示了对前文的反应。朱青(2009)认为"这样一来"已经表现出向典型的衔接语过渡的性质,具有推理和话题转换功能。殷志平(2015)对"这样一来"的功能和用法进行了研究,认为它可以表示多种语义关系,如递进、因果、转折等。

我们以语料库中的例句为基础,认为"这样一来"类言语行为标记不排除可以连接其他的语义关系,但主要用于引出结果,表明这个结果是由上文的事件（原因）所引发的,这一类标记变体形式比较丰富。例如：

(65) 一年四季她都穿皮凉鞋,只是在最冷那几天才穿一双短短的皮靴,但从来就不穿袜子,<u>这样</u>她就既省衣服,又省鞋,还省了袜子。(王小波《白银时代》)

(66) 她赚钱的能力很强,从大一开始就做各种兼职,很快就经济独立了。<u>这样一来</u>,她家里的负担也减轻了很多。(作者自拟)

(67) 他一直靠蹭隔壁的无线网络上网,可这大过年的,隔壁关掉所有电器回老家了。<u>这一来</u>,他没有网可上了。(日常会话)

(68) "您……"老花农欢喜得声音都震颤了,"您真的把这么好的烟斗送给俺吗？"唐先生见老花农如此喜爱,心里也挺满意。<u>这么一来</u>,总算还了所欠对方送花的情。(冯骥才《雕花烟斗》)

例(66)中,"她做各种兼职"的结果是"家里的负担减轻了很多"；例(67)中,"隔壁关掉所有电器回老家"导致"他没有网可上"的结果。由以上例句可知,"这样""这样一来"等标记常常引出由于上文发生的事情而导致的结果。

王凤兰和方清明(2015)对"这样一来"进行了研究,指出有很多与它同一类型的标记,如"这么一样""这样说来""这样的话"等。他们详细分析了"这样一来"的使用情况,通过分析得出它的话语功能,包括指代事件以及紧相推论。例如,在语境"P,这样一来,Q"中,既对P进行事件指代,又对Q进行紧相推论。同时,他们进一步指出"这样一来"与"这样""这么一来"的差异："这样一来"紧相推论的作用大于"这样",使用频率大于"这么一来",原因在于"这样一来"在使用语境中所指代的大多为行为或事件,"这样"是名词性的,主要用于指代名词性事物、事件或行为,而"这么"是副词性的,主要用于指代性质、状态或程度。

我们认为,王凤兰和方清明(2015)举例谈到的与"这样一来"类似的标记如"这/那么一来""这/那样一来""这样说来""这样讲来"等,其实比较笼统,这些标记内部并不一致,仔细考察又可分为两类:一类表示结果,如"这/那么一来""这/那样的话""这/那样一来";另一类表示结论,如"这样说来""这样讲来""这样想来""由此看来"等。结果更多偏重于事实层面,而结论(推论)则包含推理、论述,偏重于主观的想法。关于推论标记,我们在下文中会谈到。

8. 到头(儿)来

此结果标记提示了之后可能出现的是不好的结果。例如:

(69) 我明白朱处长的意思。你是说怕鲁夫写文章说他自己那本书全是胡编乱造的?那他就写吧。<u>到头来</u>只会让人家说他不是东西哩!(王跃文《国画》)

此处"到头来"根据上文发生的事情,引出的是最后会造成的不良后果。

9. 弄得(弄到最后、弄到后来)、闹得(闹到最后、闹到后来)、搞到后来

这类结果标记,以中心语素"弄""闹""搞"为主,变体形式很多,它们明显提示了其后出现或可能出现的结果的属性是不好的。例如:

(70) 陆建设除了骂骂咧咧并不还手,与李浩森一呼一应,在陆武桥的拳脚相加下大声惨叫,滚来滚去,<u>弄得</u>到处是鲜血。(池莉《你以为你是谁》)

(71) 他不会修电脑,却抹不开面子,硬着头皮捣鼓了半天,<u>弄到最后</u>,电脑彻底报废了。(作者自拟)

(72) 老爷子忽然流出来了眼泪,说:"说句不好听的,您再来两趟,也没有金丹给您用了……"<u>闹得</u>那病人手足无措。(陈建功和赵大年《皇城根》)

(73) 他俩本来很恩爱,处对象处得好好的,可他妈在中间一直掺和,<u>搞到后来</u>,把他俩给搅黄了。(作者自拟)

(74) 拉拉老实不客气地说:"比如你想向老板要钱,不会好好地正面表述自己的愿望吗,干吗跟个怨妇似的抱怨? 拉东扯西的,谁会爱听? <u>闹到最后</u>,活你也干了,人也让你给得罪了。你觉得是不是这么回事儿呢?"(李可《杜拉拉升职记》)

以上例句中,标记之后引出的都是不好的结果。

10. 赶巧、碰巧

这类结果标记明显提示了其后出现或可能出现的结果的属性是好的、幸运的。例如:

(75) 老汉说他后来又生了两个孩儿,女儿现在新疆,小儿子在家搞大棚,银行里有万元存款。最后老汉还幽了一"默",说是"猴背人,是贵人",没想这小子福大命大,<u>赶巧碰</u>上了彭书记,混了个七品!(孙方友《认亲》)

(76) 乌世保回到牢房,把寿明的话告诉两位难友,两人都给他道贺。碰巧这晚上又有人给库兵送了酒来,三人尽兴喝了一场。(邓友梅《烟壶》)

从以上例句可以看出,"赶巧""碰巧"之后引出好的结果,含有很幸运、很走运的意味。

## 五、推论标记

推论,原意指的是从一个或者一些已知的命题得出新命题的思维过程或思维形式。推论标记是指此类言语行为标记主要根据上文所说的情况或者别人所说的话,承接前面的论述而得出下文的推断或结论。推论标记或多或少带有说话人的主观认识、态度和立场。

语言是言语主体用以交际的工具,说话人说出的话语除了表达命题意义外,还包含说话人对句子命题意义的主观认识或态度,即同时表明自己的立场、态度和感情,从而在话语中留下自我的印记。这个部分是这类标记人际功能的体现。

言语行为标记本身是各种功能融合为一体的,我们很难把这些功能截然分开,也很难找到完全不带任何主观性的言语行为标记。因此,我们承认该类标记有主观性,但不重点讨论这个方面,仍把重点放在该类标记在语篇的语义连贯中所起的作用上。

我们通过筛选得到的推论标记有"所以说""要不说""要不怎么说""这么说""这么说来""这样说来""那么说""这样想来""如此说来""由此看来"等。

### 1. 所以说

"所以说"由关系连词"所以"+"说"经过词汇化而形成,其中"说"的意义已虚化。作为言语行为标记,"所以说"的语用功能很多。吕建国(2012)认为,"所以说"一方面等同于"所以",表示客观结果;另一方面可以表示主观评价,引导结论、解说、评价。"所以说"+"嘛"构成"所以说嘛"还可以充当应答语。吉海韵(2015)认为,"所以说"有评判、总结和连接功能。

我们认为,"所以说"从语义连贯的角度来看,它的功能是可以引进表示结论的分句,这一结论是带有主观性的,也即吉海韵(2015)提到的"评判"功能。我们认为,"推出结论"可以涵盖她所提到的总结、连接的功能。这时它常常用于句首,整个表结论的句子位于语篇末端。例如:

(77) 彻彻底底地做个无业游民,这样子,已经有三个月了……又失眠了……所以说,

人不可以太闲的,会常常想起一些人和事……想多了,统统都是烦恼!(BCC语料库)

例(77)中"所以说"推出了结论"人不可以太闲",带有说话人(言者主语)的主观性。从语义连贯上说,它连接上下文,从上文推出结论,带有总结、评判之义。

2. 要不说(要不怎么说)

"要不"+"说"构成"要不说"。其中,"要不"已失去假设的语义,"说"也没有实在的言说意义。唐善生和马亦琦(2016)认为"要不说"是由反问句"要不怎么说……呢"发展而来的。他们还认为"要不说"具有证言、断言及说话人醒悟的功能。

作为言语行为标记,从语义连贯的角度看,"要不说""要不怎么说"与"所以说"类似,也是引出结论,但语气上带有"反诘"的意味。例如:

(78) 李:怎么个意思? 没听明白,费用你们全包了?

何:要不说你们嫩点呢。你们什么时候儿听说过这文化人办文化上的事儿,还自个儿掏钱的? 都是掏别人腰包。(电视剧《编辑部的故事》)

(79) 热腾腾的饺子盛上盘,端上桌,我往妈妈的碟中先拨上三个饺子。妈妈第二个饺子就咬着糖馅,惊喜地叫了起来:"哟! 我真的吃到了!"我说:"要不怎么说您有福气呢?"妈妈的眼睛笑眯成了一条缝。(《人民日报》1998年1月27日)

例(79)中"要不怎么说"后的推论是基于前文发生的事件(语义内容),它连接了前后的话语;例(78)中"要不说"后的推论则是基于前文的语境,它将前文的语境与之后的话语联系起来。

3. 这么说(这么说来、这样说来)、那么说、这样想来、如此说来、由此看来

这类言语行为标记也表示由上文所包含的信息或所说的情况推断出下文的结论,它们可以在引出表示推断的分句的同时表示说话人(作者)主观的看法,体现标记的主观性。从这个角度来说,这类标记也兼有人际支持功能。不过我们认为它们的主要功能是表示上下文语义的连接。例如:

(80) 党委书记替他回答:"首长,他是厂办主任。姓章,文章的章,章华勋。他父亲是新中国成立前咱们兵工厂的有功之臣,四七年牺牲了。那时他刚一岁多。"

首长仍不动声色地相着他脸问:"这么说你是烈士子弟啰?"(梁晓声《钳工王》)

(81) 你在上海读研,毕业之后又继续留在这里工作了五年,这么说来,你来上海至少八年了? (作者自拟)

(82) 灯火大放异彩的同时,还演出音乐及杂耍,通宵达旦。观灯人群中尤值得注意的是"妇女相率宵行,以消疾病,曰走百病,又曰走桥"。明代理学对妇女管束极严,足不许出户。<u>这样说来</u>,灯市几天是妇女的解放日了,其欢悦可想而知,故此明代许多恋爱故事发生在灯市。(《人民日报》1997年2月5日)

(83) <u>那么说</u>,这事还是和当年发生过的事有联系?(王朔《玩的就是心跳》)

(84) 虽然在网络上交友不慎遇到了骗子,还险些被骗了钱,可通过这次的教训也增添了不少经验。<u>这样想来</u>,也不完全是坏事。(作者自拟)

(85) 马云说过:情商就是我知道我是第一但我永远说我是第二。<u>如此说来</u>,"恃才放旷""恃才傲物"等行为是不是可以看作情商低的表现?(BBC语料库)

(86) 数据显示,在中国家庭中把持遥控器的大多是女性,<u>由此看来</u>,抓住女性的心理喜好,也就抓住了收视率。(BCC语料库)

在交际过程中,说话人为了达成交际,会使用各种手段引导听话人更好地理解其话语意图,言语行为标记就是其中的一种有效手段。本类推论标记不但可以有效地传递说话人的主观性信息,而且作为连贯语篇的重要方式,构建了语境,完善了语篇。如例(82)中,通过"这样说来"引出下文,既传递了作者的主观看法,也为这段语篇文本做出了总结。

## 六、转折标记

这类言语行为标记所在的分句,与上文或下文具有逻辑上的转折语义,如"看起来""初看起来""乍看起来""看上去""一看上去""看似""话是这么说""话虽这么说""话说回来""话又说回来""话又说回来了""要知道""自然"等。

1. 看起来(初看起来、乍看起来)、看上去(一看上去)、看似

"看起来"和"看上去"都有表示实在意义和表示虚化意义的用法,作为言语行为标记,是由实在意义虚化而来的。张谊生(2006)从句法学的角度探讨了两者的演变,认为它们是由动趋势短语虚化为评注性准副词。姬新新(2014)通过语料库检索,得出"看起来"的词汇化程度要高于"看上去"的结论,两者作为话语标记时主要表达推测的态度。宋晖(2015)谈到隐性转折关系,提到了转折话语标记除了可以呈现话语单位之间的转折关联外,主要是在交际中体现说话人的交际意图。他谈到转折标记的功能有话语信息变更、深化、插入、撤销等。

我们认为,这类转折标记均以"看"为中心语素,"看"的实际意义已虚化,更

多体现为认知义,表示一种表面上的认识,常用于转折关系分句的前半句,可用于句首,其后分句常常用"其实""实际上"等词语表示真实的情况。例如:

(87) 前几天微博上闹得轰轰烈烈的翟天临学术不端事件,<u>看起来</u>是影响他个人的前途问题,其实反映了中国高校教育管理中的很多问题。(日常会话)

(88) <u>初看起来</u>,这两件事似乎只是极其偶然的"海外奇谈",其实是有规律可循的。(刘心武《水仙成灾之类》)

(89) 那些兼职打工的经历,<u>乍看起来</u>简直一文不值,但实际上它们造就和打磨了现在的你,你往后的工作中也都会有之前经验的影子。(日常会话)

(90) 我这种身份的人你们不了解,<u>看上去</u>有名有地位令人钦慕,其实很受束缚,自己就把自己束缚住了,不像你们年轻人可以无所顾忌。(王朔《顽主》)

(91) 这海<u>一看上去</u>,日日风平浪静十分深沉,而一旦咆哮起来便是惊涛骇浪足以覆舟夺人。(赵瑜《马家军调查》)

(92) 那个木枷<u>看似</u>一体,实际上分成左右两个部分。(王小波《万寿寺》)

例(87)、(88)、(90)中转折标记所在小句与之后的"其实"构成语义上的转折;例(91)中其后分句有"而";例(89)中其后分句有"但"和"实际上"连用,表示明显的语义转折关系。虽然"看起来""看上去"这类标记可以表达说话人不确定、推测的态度,但从语篇上下文的连贯来看,其更核心的功能是表达转折语义关系。

2. 话是这么说(话虽这么说)

该类标记表示先暂时承认、认同目前的状况,用于转折关系的前半句,其后文常用"可""事实上""实际上"这类词语表示真实意图。例如:

(93) 罗毅在回顾自己人生旅程时,认为自己走过的路是比较顺利的,"没有遭受过什么不幸和坎坷"。<u>话是这么说</u>,熟悉他的人都知道他的"顺"是靠聪明才智,靠勤奋努力,靠坚韧不拔赢得的。(《人民日报》1993年11月30日)

(94) 她笑着推我:"那还不快打电话请假!"
我急道:"向谁请假?我是自由的!"
<u>话虽这么说</u>,我可确实担心妻在家里着急。只是不好意思去打电话。(邓友梅《在悬崖上》)

例(93)中"话是这么说"的上文说到"走过的路是比较顺利的"与下文这种"顺"得来不易之间构成了语义转折关系;例(94)中上文的"嘴硬"与下文的真实内心形成强烈反差,由"话虽这么说"把前后相反的语义连接起来。

3. 话说回来(话又说回来、话又说回来了)

此类标记引出的下文与上文之间的语义有转折关系。宋晖(2018)认为"话说回来"是准语用标记,因为它本身具有概念意义,意为"回溯所要表达的内容",它还具有理解话语时的回指功能以及转折性联结的语法意义。通过对语料库的检索,我们发现,这类标记表达转折语义时常与其他转折类词语一同出现,如"可是""然而"等。例如:

(95) 钱不是万能的,可是话又说回来了,没钱是万万不能的。(日常会话)

(96) "我没有否定你的丰功伟绩,我承认你做了很多事情。话又说回来了,这不都是你该干的?你是主妇啊,在这位置上你要不干,每天好吃懒做,走东家串西家,横草不拿竖草不拈油瓶子倒了都不扶——你不能把应该做的算成恩德,你这得算丑表功吧?"(王朔《过把瘾就死》)

(97) 我的体态和长相与这位俄国元帅相去甚远:苏沃洛夫身体瘦小,面庞瘦削,脸部线条分明。可我正相反,体格粗壮,是个圆脸膛……然而话又说回来了,我是演员呐!斟酌再三,最后一鼓劲我向摄制组提出,由我来演苏沃洛夫吧。(《读者精品:心灵倾诉》)

由例句可见,"话又说回来"常与"可是""不过""但是""然而"等表示转折关系的词连用,一同表示上文与下文之间的转折语义。例(97)中,前文说到我的体态与俄国元帅差别很大,不适合扮演,由"话又说回来了"引出相反的语义——因为我是演员,所以可以扮演这个角色;例(95)、(96)也是如此。

宋晖(2018)认为"话说回来"的转折功能表现为减轻转折和加重转折两种形式。吴玉凡(2016)认为"话说回来"连接的前后项在语义上有多种关系,除了转折,还有顺承、解证、递进、并列等。

4. 要知道

不同于以上的转折标记是与下文的语义构成语义逻辑上的转折,转折标记"要知道"可以引出与上文的语义存在转折关系的分句。例如:

(98) 我鬼使神差地收下了他的礼物,并且答应他的要求。要知道我过去根本不屑于与他这样的人为伍。(BBC语料库)

例(98)中前后文之间的转折关系由"要知道"体现出来。

5. 自然

该标记连接上下文具有相反语义的分句,表示转折关系。例如:

(99) 江上旅游,最理想的,应当坐木船,浮家泛宅,不计时日,迎晓风,送夕阳,看明月,一路从从容容地走去,觉得什么地方好,就在那里停泊,等尽兴了再走。<u>自然</u>,在这样动乱的时代,这只是一种遐想。(柯灵《桐庐行》)

上文表示一种理想的状态,下文道出了现实,由"自然"把前后相反的语义连接起来,体现转折的语义关系。

## 七、目的标记

这类言语行为标记引出的分句表示上文中行为动作或事件的目的,如"借以""用以""为的是""也好"等。

1. 借以、用以

上文的句子表示方式,"借以""用以"引出下文的目的。例如:

(100) 他曾同别人学过钓鱼、下棋、打牌,<u>借以</u>消磨时光。(冯骥才《雕花烟斗》)
(101) 前些日子,林西县教育系统的人事制度改革准备实行末位淘汰制,<u>用以</u>激励老师们提高自身素质。(《北京晚报》2001年1月19日)

例(100)中上文说到"钓鱼、下棋、打牌"活动,用"借以"引出做这些事情的目的是"消磨时光";例(101)也是如此,"用以"引出上文举措的目的是"激励老师们提高自身素质"。

2. 为的是

上文的句子表示做了某事,该标记后引出做这件事的目的。例如:

(102) 我承认,是我预先给算命先生塞了钱,设了个局。<u>为的是</u>让老爷子相信这是命中注定的……(陈建功和赵大年《皇城根》)

"为的是"也是典型的目的标记。例(101)中"为的是"引出上文"给算命先生塞了钱"的目的是"让老爷子相信"。

3. 也好

"也好"是一个多功能标记,有很多形同义不同的用法。有实在意义的用法是一个状中短语,如"这里山好,水<u>也好</u>。"张恒君(2015)认为,除此之外,"也好"还有准助词、语气助词以及话语标记的用法,是语义逐渐虚化的结果。在文中他谈到了"也好"在人际上有让步性弱认同的功能,在语篇衔接方面则是引出顺承性结果或者引出解释因。他举例如下:

① 鼓掌的声音延长至十分钟,不能再叫陈教授说话,<u>也好</u>,陈教授鞠了一躬下去了。(老舍《赵子曰》)

② 你迁了居,<u>也好</u>,可以静些。(冰心《致赵清阁》)

张恒君认为①是引出顺承性的结果,②是引出解释因。

我们认为,除此之外,"也好"可以引出目的关系。上文是方式或做了某事,用"也好"委婉提示下文才是目的所在,相当于"以便"。例如:

(103) 练武没有好下场,我死之后,把镖局一收,叫孩子多念几年书,将来得一个一官半职的,<u>也好</u>改换门庭,不要再吃刀把子这碗饭了。(相声《马寿出世》)

例(103)中前文提到了各种举措,用"也好"引出此举的目的是"改换门庭"。

## 八、选择标记

这类言语行为标记表示上下文之间的语义逻辑关系是选择关系,如"再不""再不然"等。

"再不"有实在意义的用法,是作为副词短语,表示从主观上否定行为或情状的重复或持续。例如:

(104) 我<u>再不</u>和他们混在一起了。(作者自拟)

(105) 老刘发誓,<u>再不</u>干昧良心的事了。(日常会话)

以上两例不是言语行为标记的用法。

作为言语行为标记时,"再不""再不然"表示上下文之间的选择关系。例如:

(106) 他是个宅男,不爱运动,天天窝在家里睡觉,<u>再不</u>就是网上组队打游戏。(日常会话)

(107) 每天晚上,除去与女孩子出去玩,就是在家里练交谊舞,<u>再不然</u>便通宵达旦点着百瓦大灯泡做航模。(蒋子丹《大哥》)

选择标记提示其引出的后文与前文之间是平行的选择关系,相当于"或者",表示众多情况中的一个。

# 第二节　语义阐释标记

为了使交际双方更顺利地交流和理解彼此,说话的人常常要对自己的话语进行阐释说明,将语义更清晰、准确、明白地表达出来,以便听话人更好地接收并理解这些话语。在这个过程中,言语行为标记中的语义阐释标记发挥了很大的作用。

这种语义阐释的方式是多种多样的,我们逐一考察了收集到的言语行为标记后,发现它们对语义的阐释大致可以分为以下几种:一是举具体事例来进一步证明自己的观点,也可以打比方,用假设、比喻的方式来更简单、形象地做出说明,使语义进一步具体化、形象化;二是换一种说法,从不同的方面对语义进行说明;三是从新的角度对语义进行补充、扩展、追加;四是用缩略或简明扼要的形式阐释,对语义进行总结、概括,以进一步突出重点,使听话的人更容易理解。

由此,我们将语义阐释标记分为四类,以下分别论述这四个类别。

## 一、语义具象化标记

语义具象化是指该类言语行为标记提示下文在对语义进行帮助性的阐释时运用的是举例子、打比方的形式,从而将语义进一步具体化、形象化。

举例子、打比方是我们常见的说明、阐述事物时使用的方法,作为一种言语行为策略,这样的方法可以很快地将事物形象化、具体化,使听话的人容易理解,从而发挥积极的策略作用。在语言使用过程中,需要对语义进行阐释说明的时候,为了使前后话语形成意义高度连贯的统一体,常常需要用到一些标记,它们的作用类似于桥梁,帮助听话的人将前言和后语建立起联系,这种意义上的连贯能使听话的人在心理上构建表征,从而明确话语的语境意义,那么听话的人就可以付出较少的努力而达到正确理解话语的目的。

这类言语行为标记在对语义进行帮助性阐释时,以举例或者假设(比喻)的形式进行,其后往往引出更具体的事例,或更简单、形象的说法,目的在于"说"得更具体、直观、容易理解,因此,常常是打比方的词,如"比方""比如""譬如"与"说"的组合,可前加第二人称代词"你",后加语气词"吧"。同义词的变体形式比较丰富,如"比方""比方说""比方说吧""你比方说""比如""比如说""比如说吧""你比如说""譬如""譬如说""你譬如说""好比说""好比说吧""就说""你就说""像""你像""好像""好像是"等。

举例子和打比方是最常见的将语义具象化的两种方式。举例子通常是举出实际发生的、具体的事例来说明、论证自己的观点,通过举例,使要说明的事物或观点更加具体、形象,更容易被理解。打比方则是通过比喻或者类比,以一个相似的情况或事物作为参照物，使听话的人通过理解容易理解的喻体从而理解较难理解的本体。很多举例型言语行为标记还有另一种语义特征，就是假设或比喻，即说话的人为了说明自己的观点或结论，假设一种情境或用某种具体情况来打个比方，从而达到通俗易懂的效果。

语义具象化标记，在语篇中具有提示举例的作用，引出例子来说明和解释前述内容。这类标记的上文一般是某个道理或某种结论，标记语提示其后文是具体的事例，用作列举时的发端语。以下分别详述。

1. 比方（比方说、比方说吧、你比方说）

这类标记后通常是引出一个具体的事例或假设某种具体情景来使上文的语义更具体形象，是最常用到的引出举例的发端语。例如：

(108) 以后我们听到好多北方口音的人说话。问他们是从哪儿来的，大半说是从皖北或是山东来。**比方**给我拉车的那车夫就是山东藤县的人，母亲同妻子小孩都留在家乡，他自己跑到这样一个小城里来拉车。（方令孺《琅琊山游记》）【举例子】

(109) 久坐不利于下肢血液循环和腰背健康。**比方说**，长时间坐在桌前写论文不运动，会觉得肩膀、腰背酸疼，时间长了还会引起腰椎间盘突出症。（日常会话）【打比方】

(110) 路过传达室，看到一排排的快递箱，心生感慨，那些常常能收到快递的人，一定是有闲的。**比方说吧**，你现在论文快交稿了，从天亮写到天黑，哪还有工夫网购？（日常会话）【打比方】

(111) 毕竟这是一部大戏，我是主角，要把它演好得付出很大的辛苦。**你比方说**这里生活条件很艰苦，除了我之外，人家其他演员的肤色都和当地农民一样黑，我这最深的底色儿还不行，就得天天到太阳底下晒，慢慢融入这个环境。（《北京晚报》2001年6月15日）【举例子】

例(108)中说到"大半说是从皖北或是山东来"是一个概括性的说法，为了更具有说服力，让听者信服，下文便使用"比方"引出一个具体的、有亲身体验的实例"给我拉车的那车夫就是山东藤县的人"来证实上文的概括性说法。例(109)、(110)则是用打个比方的方式来具体说明和论证上文的观点。

2. 比如（比如说、比如说吧、你比如说）

这类标记的用法和功能与"比方"类似，在说明上文观点的时候，既可以举例子又可以打比方。例如：

(112) 你在驾驶车辆的时候，**比如**前面突然出现飞跑的孩子，你该怎么办？（吕叔湘

《汉代汉语八百词》》【打比方】

(113) 我真希望能遇上点什么奇迹,比如说,有个大流氓正欺侮一个小女孩,那么我一定立刻冲上去打抱不平。(刘心武《我可不怕十三岁》)【打比方】

(114) 我的悲哀还在于,给我如此美好享受的人,他们自己却没有意识到自己创造了这种美。比如说吧,海喜喜现在给我的印象就极没有光彩;而她呢,正低着头若有所思,心不在焉,没有一点自豪感。(张贤亮《绿化树》)【举例子】

(115) 都说离过婚的女人不好嫁,那要看是谁。你比如说王菲、杨幂这样的,有钱又有颜,追她们的人都不知道排到哪了。(日常会话)【举例子】

例(112)、(113)直接用"比如""比如说"引出一种假设的、虚构的情况,而非现实中实际存在或发生的实例,可以用表示假设的连词"如果""要是"等替换。例(114)、(115)则是举出具体的案例来说明前文比较抽象或概括的说法,使对话语的理解变得更容易。

3. 譬如(譬如说、你譬如说)

这类标记的用法和功能与"比方""比如"类似,更多用于书面语。例如:

(116) 生活中时时会有小确幸。譬如,打的一份饭里多了几块肉,想选的课还有名额,出门没带伞刚好雨停了。(作者自拟)【打比方】

(117) 那么今天呢,中国跟日本,有历史感情的问题。譬如说,这个南京大屠杀的教科书的问题,日本参拜靖国神社这个一级战犯的问题等。(《时事辩论会》2007年3月28日)【举例子】

(118) 要让人认出是骗子,在明处那就没法骗了。你譬如说,谁见我都知道我是个骗子,我还骗谁去?一不留神还得让人骗了。(王朔《一点正经没有》)【打比方】

"譬如"类标记也是既可以用举例子,又可以用打比方来说明阐释上文,不过相比于"比方"和"比如",它更多了一些书面语的色彩。

4. 好比说(好比说吧)

这类标记的用法和功能与"比方""比如""譬如"类似。例如:

(119) 令人尤感亲切的是,当我去到丹麦的一些地方,常常能发现安徒生曾留下踪迹和吟咏。好比说吧,在日德半岛北端,那波罗的海和北海交汇处的岸边,甚至在那附近一座被飞沙掩埋掉半截的红顶白墙小教堂前,安徒生都早已伫立并在1859年的游记中描述过。(《人民日报》1995年4月1日)【举例子】

(120) 为了让记者能够尽快搞清这件事情的经过,张女士打了一个十分恰当的比喻:"好比说北京到天津本来不需要办理签证的,可是因为你不知道,有人就在廊

75

坊设了个点,说其实到天津也要签证,我这里可以代办,不知内情的人就落入了他们的圈套。"(《北京晚报》2001年5月19日)【打比方】

该类言语行为标记也是既可以用举例子,也可以用打比方(比喻、类比)的形式来说明阐释前文。

5. 就说(你就说)

这里的"就说"的主要功能是举例,与表示让步关系的"就说"形同义不同。很多举例标记的构成中含有第二人称代词,如"你比方说""你比如说""你像""你就说"等。这个"你"并无实义,可以省略,交谈中可以凸显人际交流中的互动性,使对方的注意力更集中于交谈,用于举例时也增强了说话人想要说明、例证自己观点的意图。廖红艳(2012)指出,加上"你"之后,"你就说"具有提醒对方注意、拉近与说话人的距离、表明说话人主观态度的功能。

我们认为,"就说""你就说"在兼有以上人际功能的同时,其语篇核心功能还是用于举例,此外,其还有以举例来开启一个话题的功能。在语篇中,"就说""你就说"用于引出一个具体的事例,是对前文事实或观点的进一步阐述,其后常伴有语气词"吧"。例如:

(121) 好,现在我们再把目光投向那些坐在小轿车里的人物。就说这辆从我们身边飞驰过去的"丰田"吧。那后面的沙发上坐的是一位省级干部,身躯微胖,四方脸盘,眉宇之间显出一派"汉官威仪"。(张贤亮《邢老汉和狗的故事》)

(122) 齐凌云:老爷爷,我们是去当售货员,能够顶天立地吗?

宋爷爷:那很难说,姑娘!你就说我吧,自从我的腿脚不行了,才摆这个小茶摊,还做些小玩意儿。在新中国成立前哪,人家都那么说,我自己也那么相信:我是没有多大用处的人。可是,这几年有毛主席领着大伙儿,人好像都变了,谁喝我一碗热茶,都必说声谢谢,叫我觉得自己并非完全没有用处!(老舍《女店员》)

例(121)中的"就说"是表示举例的"就说",不同于表示让步的"就说"。在作为举例标记的时候,其变体形式还有"你就说",如例(122),使用时常常与"吧"连用,形成"就说……吧""你就说……吧"的格式。

需要指出的是,"就说"与不同的人称代词连用,其功能完全不同。如果把人称代词加以替换,如把"你就说"中的第二人称代词替换为第一人称代词,变为"我就说",语义功能就发生了彻底的改变。

"我就说"作为言语行为标记,通常位于句首,具有多种功能。周代景和李燊

(2018)指出,"我就说"具有在形式上组织话轮、内容上衔接话题的语篇功能,可以开启话轮、承续话轮和终止话轮,也可以将话题之间的顺承、转折和因果的语义逻辑关系明示出来,实现语篇的连贯。此外,其人际功能的主要作用是增强或缓和言说者的语气和态度,凸显言说者的主观意图,引起听话者的注意以及影响话语交际双方的感情等。例如:

身体颤颤巍巍!大伯仔细一看:"是不是中了暑?我就说嘛,大热天的,出去跑什么业务!寒寒,你快扶她回屋里坐会儿。"(琼瑶《烟锁重楼》)

例句中的"我就说嘛"是"我就说"的变体形式,衔接了前后话题间的因果关系,同时有一种轻微埋怨、责怪的语气,包含"早知这样,当初就该听我的"的语义,表达了情感,以引起听话者的注意。这类标记以人际支持功能为主。

6. 像(你像)

在传统语法中,"像"有很多用法,如表示比喻、相似,或者对比、猜测等。李秉震(2010)对"像"作为话语标记的功能做了研究,主要是从语法化的角度考察的。他集中讨论了该词语的语法化和主观化的过程,展示了"像"的语义演变脉络,指出其列举的功能是从引出标准的功能演变而来的。

用作举例标记时,"像""你像"后引出具体的事例,使前文的语义具象化或者用以证明前文所说的观点。"你像"中的第二人称代词"你"的语义已虚化,无实义。例如:

(123)都说离过婚的女人不好嫁,那要看是谁。像王菲、杨幂这样的,有钱又有颜,多大年龄都嫁得出去。(日常会话)【举例子】

(124)现在街上该校过来的字太多!你像那个"萍果专卖店"的商标明明画着个苹果,却偏要写成"萍果"!据说人家就是这么注册的,你还改不了它!(刘心武《眼净》)

例(123)、(124)中用"像""你像"来引出具体例子,以证明上文的说法。

7. 好像(好像是)

该标记引出的是比喻和比方,以使上文的语义更形象具体。例如:

(125)薛嵩在山坡上走,渐渐感到肩上的铁枪变得滚烫,好像是刚从熔炉里取出来。(王小波《万寿寺》)

例句中通过"好像是"引出一个比喻,打了个比方,使前文的语义更具体形象、容易理解。

举例标记有时可以与其他具有举例功能的语句(或词语)叠加使用。例如：

(126) 我也知道要善于向别人表示善意,但是关键的是你要恰到好处地表示。<u>你比如说</u>,<u>我举一个例子</u>,有一次我去上海,一个同志来接待我,是负责接待我的那个部门派来的一个女孩子。(BCC 语料库)

(127) 这个问题是很复杂的,<u>我们可以考虑一些具体的例子</u>。<u>你比如说</u>呢,这个好的制度,我们相信它首先应该是一个公正的制度,这是众望所归的一个指标。(BCC 语料库)

(128) 当时都是采取这种方法,把这个十大工程搞起来。那么其他工程难度也挺大的,<u>你比如说</u>,<u>像</u>军事博物馆。(BCC 语料库)

(129) 当时在美国管这个叫作"对犯罪嫌疑人的羞辱法",你干了一些事,确实认定是你干的坏事,它怎么办呢？<u>你比如说</u><u>什么小偷啊</u>,<u>什么违约者呀</u>,<u>什么这些玩意儿</u>,他招也比较损,在媒体上帮你公布了,给你上了网了。(BCC 语料库)

例(129)中有"什么……(啊\呀)"与"你比如说"叠用。邵敬敏和赵秀凤(1989)专门针对疑问代词"什么"的非疑问用法进行了研究。其中有一项用法是表举例,具有例指性。"什么"表示列举的时候,除了已提出的项目,还有一些未提出的同类项省略不提,隐含举例未尽的意思。在用作列举时,通常"什么"用于以下两种格式：一种是"……,什么的",另一种是"什么……",如例(129)中的"什么小偷啊,什么违约者呀"。"什么"的作用类似于举例标记"比方说"。吕为光(2012)指出,"我们可以考虑一些具体的例子""我举一个例子""什么""像"是很明显的提示其后引出的部分是说话人举的例子的常用语,它们常常与举例标记同时使用,从另一个侧面证明了举例标记的举例功能。

不过,邓瑶对此有不同的看法。邓瑶(2011)对"你比如说"进行研究,指出"你比如说"在使用过程中,功能会进一步虚化,当"你比如说"与其他明确说明举例的语句一同使用时,它就纯粹起过渡、衔接作用,而举例、假设或者话题的功能已经消失。

① 你比如说,我举一个小的例子,就是我在那个,你可以发现在美国录像带店,你不用到纽约这种大地方……(邓瑶的举例)

需要指出的是,一个或一类言语行为标记可以具有多种不同的功能,即言语行为标记具有多功能性。作为举例标记的同时,如果所举的例子恰好是一个话题,那么便具有了话题功能,根据情况的不同,可能有引出话题、转换话题等多种语用功能。邓瑶(2011)认为,"你比如说"在语篇当中具有多种功能,除了举例功能,还有话题功能。"你比如说"在举例的同时,可能引出一个话题,它在语篇中还具有引入话题、延续话题、转换话题等功能。

② 城市污水治理,除了要解决一般污水治理的问题外,还需要解决一些涉及市民生活的范畴。你比如说禁止含磷洗衣粉这项工作,在日本花了八年到十年,在中国这项法律定下来之后,到现在已经三五年了,还没看到什么效果。(邓瑶的举例)

在这里,"你比如说"不仅举出了一个具体的事例,而且提出了一个新的话题。

我们同意邓瑶的说法,因为言语行为标记确实是在动态的语用环境中不断变化的,不但功能多样,意义也发生着演变。不过,在讨论言语行为标记的语篇功能时,为了有更清晰的认识和了解,我们的处理方法是,优先选择该标记或该类标记最典型、最核心、最主要的功能来加以讨论,而不是面面俱到。在对单个标记进行研究时,全面考察其所有功能固然是必要的,可如果从宏观角度对某一类标记进行考察,则功能过于繁复、交叉,可能会模糊重点,从而不利于得出清晰的分类和认识。

依据各个标记在进行语义具象化时的方式(功能)的不同,我们又可以把上述标记归为以下三类:

一是既能举例子,又能打比方的,如"比方""比如""譬如""好比",以及它们的各种变体。

二是只能举例子的,如"就说""你就说""像"等。

三是只能打比方的,如"好像""好像是"。

## 二、语义重释标记

这类言语行为标记对语义进行帮助性的阐释时,主要是通过对上文语义的重新解释而得以实现的。重新解释的方式是多样的,可以是从相反的角度来加以说明,可以是换一个说法,也可以是从一般、笼统的说明进入更具体、详细的解释,总的来说,是以更易懂、具体、详细、切中要害的方式将前文原有语义重新表达而对原有语义进行阐释,如"反过来""反过来说""换句话说""就是说""也就是说""这就是说""即""也即""即是说""这么说吧""跟您/你这么说吧""这么跟您/你说吧""这么说得了""具体说""具体地说""简单地说""简单说吧""简单地说吧"等。

79

1. 反过来(反过来说)

上文从一个角度提出一种说法或说明一个事物,标记"反过来""反过来说"则引出从另一个角度的看法,与上文的角度相对或相反。例如:

(130) 声音本来没有颜色,却能借助绘画的语言去形容它;浓重、清澈、华丽、厚度……那么,反过来也一定可以用音乐去形容色彩了。(航鹰《明姑娘》)

(131) 一个外来者,打门请进,有所要求,有所询问,他至多是个客人,一切要等主人来决定。反过来说,一个钻窗子进来的人,不管是偷东西还是偷情,早已决心来替你做个暂时的主人,顾不到你的欢迎和拒绝了。(钱锺书《写在人生边上》)

为了方便叙述,我们把位于标记之前的先行句称为A,把标记之后的后续句称为B,下同。

例(130) A 以色彩形容音乐,"反过来"B 则从相反的角度,用音乐形容色彩,对上文进行重释和说明。

2. 换句话说

重释标记"换句话说"是对上文的语义换一种说法的重新说明,通常来看,之后的语义是更简单、直接、容易理解的,方便听者领会说者的意图。例如:

(132) 鸣斋先生想要再做生意,但他把过去的光阴大都花在寻房屋及家中一切琐碎上,竟不知道市面情形已大不同了。换句话说,便是他的这些钱,现在已经少得可怜,要想当资本运用是不可能的了。(苏青《歧路佳人》)

(133) 自发性涨价,顾名思义,就是放开的商品价格,随着市场供求变化自发上涨。换句话说,如果把当年物价上涨幅度作为100%,其中,政策性价格调整占40%,上年"翘尾巴因素"占10%,那么,当年"自发性涨价"就占50%。(BCC 语料库)

例(132)"换句话说"之后的B简单明了地指出鸣斋先生的钱已少得可怜;例(133)则假设了一种具体的情况,给出具体事例来说明。

3. 就是说(也就是说、这就是说)

重释标记"就是说""也就是说""这就是说"是对上文的进一步解释。例如:

(134) 主持人:我们这种在第一线工作的人哪,这现在的这个时代变化,你比如说,二十年前电视上不能说的话,现在在电台、电视上已经变得司空见惯。就是说,你说的这个啊,都在理。(《锵锵三人行》2007年3月9日)

(135) 我空等了一上午,他也没有转到正题上,也就是说,他胡扯了整整一上午,总在说我的错误是多么严重,而他们现在对我又有多好。(王小波《未来世界》)

例(134)"就是说"、例(135)"也就是说"都是换了一种说法,B以更加直白、露骨的方式重释了A的语义。

很多学者对A与B的语义逻辑关系和表现形式做出了研究。比如,徐燕青(2009)在研究"就是说"时,详细研究了A和B从表达方式上来看表现出的多种多样的形式:A、B为总说与分说的差别;A、B为概说(概括的说法)与细说(具体的说法)的差别;A用叙述的方式,B用描写的方式;A用专业性的说法,B用标记性的说法;A、B在提供数据时使用不同的算法来表达相同的内容;A和B使用某种对应关系的形式;等等。

盛新华和邱野(2009)也通过研究指出,"就是说"作为话语单位之间的连接成分,它所标示的A和B之间具有解释与被解释、抽象与具体、深奥与浅显、补充与被补充、强调与被强调、限制与被限制、概括与被概括、前提与结论等关系。他们认为话语标记语"就是说"的核心功能在于"标同",即"就是说"用在A与B之间,将两者衔接起来,A与B所表达的真值意义是相同的,在不改变它们意义的同时,说话人通过"就是说"从不同的角度,B对A的表述做了另外的阐述或概括,由此也更全面、深刻地表达了自己的观点,A的表述也被强化和凸显了,那么听话人就可以更少的努力来获得更容易的理解,理解的内容也更丰富,语言表达的最大经济性由此体现出来。

4. 即(也即、即是说)

这类标记是换一种简单易懂的说法对上文进行解释,多用于书面语。例如:

(136) 一种是概括评价式,即以很简短但语义丰富的话语对前面较长的文字的核心语义做出概括。(作者自拟)

(137) 这些都是语篇支持性言语行为标记在语篇中所起到的作用,也即其语篇功能的体现。(作者自拟)

以上两个例子均出自学术论文,是典型的书面语境。用"即""也即"这样的标记,对一个比较抽象的概念和术语做出解释和阐述,使读者更容易明白前后文的语义关联和内涵。

5. 这么说吧(跟您/你这么说吧、这么跟您/你说吧、这么说得了)

"这么说吧"类的标记,以往研究称之为"解释标记"。曹爽(2014)对解释标记"这么说吧"进行了研究,认为它的基本功能是标示解释,具有具体解释、总括解释、举例解释、掩饰解释等功能。李莎(2014)认为"这么说吧"可以具体展开对上文内容的解释说明和承上启下总结上文。

我们认为这类标记的功能主要是重新对前文语义做出解释。重释标记引出的下文是对上文更加易懂的说明，常以更具体的事例或更形象的说法来解释上文，使听者更容易理解。例如：

(138) 平顶山是新兴工业城市，大中企业多，又是大煤炭基地，由于过去对"菜篮子"重视不够，曾吃过供应紧张的亏。通过这些年努力，已彻底好转。<u>这么说吧</u>，今年市区 40 万人，人均 0.075 亩菜地，15 公斤自产鸡蛋，10 公斤鲜鱼，再加上从外地组织的货源，应该很丰富。(《人民日报》1995 年 1 月 8 日)

(139) 老二就是个酒迷。迷到什么程度呢？<u>跟您这么说吧</u>，他是整天酒瓶子不离手，逮哪儿哪儿喝，一天三醉！(相声《酒迷》)

(140) 阿春：你害怕了，这对于我投资人……

起明：不，我绝对不是害怕。我是因为碰壁碰的，<u>这么跟你说吧</u>，我前前后后跑了十几家银行。(电视剧《北京人在纽约》)

(141) 李：诶，我说，咱们不是说好了吗？最远说到太阳。

夏：成成成，哦，<u>这么说得了</u>，这星星啊，一般它不老在一个地方待着，一般是乱飞，撞上谁算谁，只要撞上谁，谁就没个好……(电视剧《编辑部的故事》)

例(138)的 A 提出平顶山曾吃过供应紧张的亏，但通过目前努力已彻底好转，但单靠这么笼统地表达显然很难让人信服，于是通过"这么说吧"引出现状，用具体的数据说话，更直观、具体地证明了上文的观点。

6. 具体说(具体地说)

重释标记"具体说"所引出的下文，是对上文更具体、详细的说明。例如：

(142) 我们的政策是实行"一个国家，两种制度"，<u>具体说</u>，就是在中华人民共和国内，十亿人口的大陆实行社会主义制度，香港、台湾实行资本主义制度。(邓小平《一个国家，两种制度》)

例(142)的 A 提出一种制度，只是一个名词，一种笼统的说法，而"具体说"引出的 B 是对这一制度的详细说明和阐释，将上文的语义具体化、详细化了。

7. 简单地说(简单说吧、简单地说吧)

这类标记是换一种简单的言说方式，或简述，或举例对前文进行解释。例如：

(143) 所谓价值观，<u>简单地说</u>，就是关于价值的基本观点。(日常会话)

(144) 沉没成本这个概念有点复杂，<u>简单说吧</u>，就是已经在这件事上投入的时间、精

力、金钱等东西。（日常会话）

(145) 什么是过劳肥呢？<u>简单地说</u>吧，你一个月不干别的，除了吃饭睡觉就是写论文，然后你还长胖了。（日常会话）

例(143)和例(144)都是用简单的话语对前文的概念进行解释，例(145)则是通过举个例子来阐释前文概念，以达到简单易懂的效果。

以上"具体地说""简单地说"这类言语行为标记，是用不同的言说方式对前文进行阐释。有些研究认为，这些标记带有主观性，表示说话人的主观看法。从主观性的角度出发，自然有一定的道理。不过从某种意义上说，语言本来就是主观性的产物，我们可以肯定这几个标记不只具有一种功能，它们是多功能的。从语篇组织的角度，它们连贯了语篇，并且从语义上对前文进行了解释，我们是从这个角度去看待它们，由此将它们归入这类的。

总的来说，重释标记所引出的B对A进行了重释和说明，从实现方式上来看，方式是多种多样的：或是互换角度，或是下定义进行详细叙述，或是举出具体例证、打比方等。

回顾前人的研究，与我们的研究相关的是关于"换言连接成分"的研究。较早提出这个名称并对其进行研究的是廖秋忠。他指出，"就是说"等连接成分引出的描述是相比于前文更加抽象、不容易理解的描述而显得比较通俗易懂、更加具体形象的表达方式，"就是说"将本质上同义或同指却以不同的方式表达出来的这两种描述连接起来。[1]

也有学者把"就是说"这类换言连接成分所连接的上下文之间的语义关系称为注释关系（或叫解注关系或解证关系）。吴为章在此基础上从语义表达的角度出发，进一步对解证句群做了分类，共分出六种类型。[2]

徐静和叶慧（2009）认为换言连接成分前后项之间的关系表现为前后概念的外延有重合或者没有重合，有重合又体现为重合、从属、交叉的关系。

不过，需要指出的是，换言标记语与本部分的"语义重释标记"的所指范围并不相同。从以往的研究看，"换言标记语"除了包含我们上文提到的那些标记之外，还包括"我是说""我的意思是""你是说""你的意思是"等以及它们分别的对等变体。我们认为这些是典型的人际功能标记，我们在研究时，主要是从体现语

---

[1] 廖秋忠.廖秋忠文集[M].北京：北京语言学院出版社，1992：72.
[2] 吴为章.解证句群的类型和作用[J].学语文，1989(06)：6-8.

篇功能的角度出发的,因此,着重体现或强调说话人主观态度和情感表达的标记如"我是说""我的意思是""你是说""你的意思是"等没有在本部分的选择之列。

通过对上述标记的逐一考察和分析,我们认为可以把它们做如下归类:

从不同角度对语义进行重释的标记,如"反过来说""换句话说""也就是说""这就是说""这么说吧""这么跟您/你说吧""这么说得了""也即""即""即是说"等。

用不同方式对语义进行重释的标记,如"具体(地)说""简单地说""简单说吧""简单地说吧"等。

## 三、语义补充追加标记

有时,前文的语义没有说完全,还有需要补充的方面,这时,有些言语行为标记就发挥了前后连贯的桥梁作用,提示后文是对前文语义的补充和追加,这类标记有"还有""外带着""同样""同样的""再就是""再说""再说了""再说呢""再讲了""再者说""再者说了""再一个""加上""外加上""再加上"等。

1. 还有

"还有"的语义补充追加功能表现在,除了前面提到的内容,再从别的方面补充一点。例如:

(146) 首先要考虑保吃饭,保正常运转,保持社会稳定,为改革和发展创造良好的社会环境。同时要做到科学决策,增强投资的有效性……还有,坚持两带头,即领导带头,主管部门带头……(《人民日报》1995年1月10日)

例句中的"还有"引出补充前文语义的其他方面的内容。

2. 外带着

"外带着"用于补充别的内容,相当于"另外",比较口语化。例如:

(147) 诸葛亮首先是个政治家,"未出茅庐先定三分天下",对当时魏、蜀、吴三国鼎立的政治形势,分析得非常精辟。外带着是军事家。怎么?他辅佐刘备,头一个战役"火烧博望坡"就大获全胜。后来,"六出祁山""七擒孟获",不懂军事行吗?(相声《草船借箭》)

例句中的"外带着"与"还有"类似,引出补充前文语义的内容,常用于口语中。

3. 同样(同样的)

"同样""同样的"连接的前后文从结构上来看是并列的,从语义上说,补充追加了一个新情况。例如：

(148) 他怀疑，现在若回到家中，是否一见面便认识她，因为他在婚后一个月，就离家从军。算起来已有九年半了。<u>同样的</u>，他有几双袜子、几套军衣和多少钱，他都说不清。（老舍《火葬》）

例句中"同样的"从另一个方面补充了前文的语义，提出与前文并列的一个情况。

4. 再就是

该标记表示除了前面提到的内容，再补充一点。例如：

(149) 这时我十分清楚，想让他交出长命锁只有两个办法。一是使用武力，将他揍个半死，不怕他不交。<u>再就是</u>向他陈说利害，打动他的心。（尤凤伟《石门夜话》）

例句中"再就是"与"一是"形成照应，补充了另一方面的内容。

5. 再说（再说了、再说呢）、再讲了、再者说（再者说了）

这类标记表示在前文内容的基础上再追加一点。例如：

(150) 为啥非要买苹果呢？现在国产手机的性能越来越好了，<u>再说了</u>，价格比苹果便宜多了！（日常会话）

(151) 她已经习惯于受到大家的爱慕，不论对方地位高低，所以，对于奥德利先生的行为，她也没有多大在意。<u>再说呢</u>，他那么多年来一直是个鳏夫，人们已经想不到他会再结婚了。（电影《奥德利夫人的秘密》）

(152) 你不要听信小叶的反动宣传！<u>再讲了</u>，我和她的主要矛盾不在这里……主要矛盾是她有第三者插足。（电视剧《闲人马大姐》）

(153) 大家都想通过这点善举来满足自己所谓的善良的虚荣心，不过山区的孩子需要的是一支铅笔或者一个本子。<u>再者说</u>，如果真的有爱心，请给老家的父母打电话问他们冷不冷、过得好不好。（BCC 语料库）

由例句可知，"再说"这类标记常用于解释原因的语境中，来补充追加一点新的原因。

6. 再一个

这类标记表示除了前面说的，再补充一个方面的内容。例如：

(154) 起明呀，我跟你讲为什么，国为你起码要招工人，而且大部分是华人女工。我在华人街有很好的关系，<u>再一个</u>你需要律师，需要有人管账。（电视剧《北京人在纽约》）

如例句所示,"再一个"也常用于补充追加一个新原因的语境。

7. 加上(外加上、再加上)

这类标记表示在前文内容的基础上,再补充追加一个情况。例如:

(155) 他为人单纯善良,<u>加上</u>一直待在学校里,没真正接触过社会,被那个骗子骗了也不足为奇了。(日常会话)

(156) 赵氏在晋国可以说是根深蒂固,几代都是主持国政,韩魏两家都是他的亲戚,所以历经浩劫而不能被动摇。像这样的门庭,<u>外加上</u>赵鞅这小子老奸巨猾,我们就只能智取,不可力图。(冯向光《三晋春秋》)

(157) 我打小就喜欢看书,爱好文艺,<u>再加上</u>大学时写过小说,我是学文学的,所以就上你们这儿来找工作了。(日常会话)

从以上的例句可以看出,标记之后都是对前文所说的情况做的补充,提到了新的问题和情况,对前文的语义进行了补充、追加和完善。

## 四、语义总结标记

廖秋忠(1992)提出"总结连接成分"这一概念,认为它们的作用是把前文所说的内容归纳起来,概括成简单的一两句话来表达要义。一般认为总结连接成分表达的语义关系主要是归纳、概括、总结,但实际上并非如此,它们所连接的前后文之间的语义关系是多样的,刘流(2015)在前人研究的基础上,结合对北京大学中国语言学研究中心语料库的检索,认为有概括关系、推论关系、补充关系、转折关系和递进关系五种。同一个标记在不同语境中,可能表示不同的语义关系,以"总的来说"为例,其既可以表示补充关系,也可以表示转折关系。例如:

(158) "妻子们,"鲁贝克博士说,"我们这里没有多少人带夫人来,只允许极少数人带来。<u>总的来说</u>,我们发现她们不至于像她们的丈夫和她们丈夫的同事那样容易脑袋发胀。"(阿加莎·克里斯蒂《目的地不明》)

(159) 如果他们靠近他,或是做出什么突然的动作,他会猛然退缩;而且,他也刻意避开他们的精灵斗篷。不过,<u>总的来说</u>,他还是非常的友善、费尽心力想要讨好人,让人看了很不忍心。(托尔金《魔戒》)

例(158)中的"总的来说"是对前文夫人们的特性做出补充说明。例(159)中的"总的来说"之后的语义与前文的语义呈现转折的关系,通常会出现显性转折词语来凸显其转折关系,如句中的"不过"。

刘流认为总结类话语标记的语用功能有语篇组织功能(包括语篇衔接、语篇提示和语篇限制功能)、人际互动功能和信息传递功能,我们认为这是比较笼统的说法,因为言语行为标记从总体上来说,可能都具有这些功能。我们认同总结类的标记一定程度上可以反映说话人的主观看法,有研究者对其人际功能做过探讨,这些是由言语行为标记的多功能性所决定的,但它们的人际功能不是我们要关注的角度。

所谓"总结类"话语标记,或是我们提出的语义总结标记,虽然有研究表明,它们连接的前后文之间存在多种多样的语义关系,但是从核心功能意义上看,它们是以体现概括关系为核心的,即对前文语义进行总结。本书收集到的这类言语行为标记有"长话短说""长话短说吧""归了包堆""一句话""用一句话来说""用一句话来概括""用一句话来形容""总而言之一句话""总之一句话""可以说""可以这么说""可以这么说吧""可以这样说""总的来说""总的说来""总起来说""总的来讲""总的来看""总的看来""总体上讲""从总体上讲""总体上看""从总体上看""总体上说""从总体上说""说来说去""说了半天""说白了"等。

1. 长话短说(长话短说吧)

该标记意为将很长的叙述过程概括浓缩为简短的语句来表达,引出总结性的关键话语。例如:

> (160) 这些经历使我开阔了眼界,塑造了我的性格。<u>长话短说</u>,我是痛苦之中也抱着对美好世界的希望,渡过这个困难时期的。(《1994年报刊精选》)
>
> (161) 小兴儿是她的私生子……这事儿说来话长,<u>长话短说吧</u>。陈玉英是明星不是?要脸面,不愿意去医院打胎,就托熟人找我,想吃中药。我不同意,后来她又不打胎了。(陈建功和赵大年《皇城根》)

"长话短说(吧)"之前常会有"这事儿说来话长"与之搭配出现。

2. 归了包堆

该标记带有非常鲜明的口语特色,具有北方方言的色彩,意为"将前面的语义总括起来说"。例如:

> (162) 为什么我的亲情观念如此地淡薄?为什么我几乎滑向了六亲不认的边缘?<u>归了包堆</u>是受了西方资产阶级那一套的影响。(电视剧《我爱我家》)

该例句出自《我爱我家》,剧中演员用的是地道的北京方言,而且该剧是生活情景剧,用词是典型的口语词汇,"归了包堆"就反映了这样的特色。

3. 一句话

与"一句话"相似的标记有"用一句话来说""用一句话来概括""用一句话来形容""总而言之一句话""总之一句话"等。李绍群(2013)认为"一句话"具有总括、评注(体现主观性)、强调等语用功能。我们认为它的核心功能还是"总结、概括",因此把它归入这类。

该标记的核心功能是用言简意赅的句子总括前文的语义内容。例如:

(163) "什么人的电话号码才会不注名呢?"老单问小曲。
"容易引起他人注目带来麻烦的;意味着某种不可告人的秘密;极为熟悉、密切、刻骨铭心并达到高度默契的。<u>一句话</u>:一个关系特殊又特殊的朋友!"(王朔《枉然不供》)

例句中"一句话"引出的后文对前文的语义做出了高度的总结和提炼。

4. 可以说(可以这么说、可以这么说吧、可以这样说)

这类标记具有多义性,多功能性。语义总结功能是其中之一,标记之后是带有总结性、概括性的话语,是对前文叙述的总结。例如:

(164) 如果没有懒人的存在,这世上就不会有电梯、外卖、扫地机器人、洗碗机……从某种程度上<u>可以说</u>,懒人是科技发明之光。(日常会话)

(165) 周总理经常在早晨或上午睡觉,中午或下午起床。他早餐的时间随他的工作和睡眠时间而改变。<u>可以这么说</u>,他早餐的时间大致和一般人的午餐时间接近。(张佐良《开国总理的凡人生活》)

(166)《岳阳楼记》通篇写得很好,而尤其为人传诵者,是"先天下之忧而忧,后天下之乐而乐"这两句名言。<u>可以这样说</u>:岳阳楼是由于这两句名言而名闻天下的。(汪曾祺《湘行二记》)

例(166)中前文提到《岳阳楼记》中的两句名言,"可以这样说"引出作者的总结——岳阳楼因这两句名言而名闻天下,明显带有作者主观的评价和看法,这是该类标记在人际功能方面的体现。它们属于语篇功能与人际功能兼有的标记。

5. 总的来说(总的说来、总起来说)、总的来讲

这几个标记形似义近,可以看作"总的来说"及其变体形式,是将前文概括总结后得出一个结论或者评价。例如:

(167) 房子小,不宽绰,这点我们承认。但是或许还算体面,还能住人,<u>总的来说</u>,不比一般房子差。(BCC语料库)

(168) 下面的歌词也朦朦胧胧地理解了：是说学校有很多房屋，在城外，是个男女合校，有很多同学。<u>总的说来</u>，是说这个学校很好。（汪曾祺《徙》）

(169) ……(8) 勤劳，(9) 节俭，(10) 热爱家庭生活，(11) 和平主义，(12) 知足常乐，(13) 幽默滑稽，(14) 因循守旧，(15) 耽于声色。<u>总的来讲</u>，这些都是能让任何国家都增色不少的平凡而又伟大的品质。（林语堂《吾国吾民》）

(170) 七点钟的"新闻联播"当然要看了，音乐会和赛歌会我也爱看，遗憾的是电视节目预告的时间不如广播时间那么准确，广告和临时加入的短片也不少，好的故事片若是迟延了下去，就会把我"每夜十点前一定上床"的时间打乱了。<u>总起来说</u>，我们国家的广播和电视节目的教育性很强，一般故事也很清洁健康。（冰心《冰心全集第八卷》）

例(170)中的标记"总起来说"之后谈到的"教育性很强""清洁健康"是对前文广播、电视节目特点的总结、概括，这种概括自然是带有作者主观性评价的。这是该类标记在人际功能方面的体现，它们属于语篇功能与人际功能兼有的标记。

6. 总的来看（总的看来）

该标记是从总体上对前文的叙述做出总结和评价，提出了一个结论性的东西。例如：

(171) 中间派议员团在表决中起了决定性作用。据此间社会学家最新的调查，在1 040名代表中，有200名左右的代表持中间立场。<u>总的来看</u>，5日的表决结果反映了目前俄罗斯社会上两种力量的对比，也反映了多数居民要求政治安定的愿望。（《福建日报》1992年12月7日）

(172) 高校招生体检标准前几年就修订了一次，今年的修订变化不大，<u>总的看来</u>，国家标准是越来越宽松了，为越来越多身体状况不太好的人敞开了大学校门。（《北京晚报》2001年4月28日）

例句中由"总的来看（总的看来）"引出总结性、总评性的后文，对前文的语义做出了总结和评价。

7. （从）总体上讲、（从）总体上说、（从）总体上看

该类标记是从宏观、整体的角度做出的总结和评价。例如：

(173) 年轻的中共中央政治局常委、书记处书记胡锦涛，于6月28日至7月4日在毛泽东的故乡湖南考察时说，<u>从总体上讲</u>，各级领导班子的状况是好的，但在少数领导班子和领导干部中，存在着以权谋私、贪污受贿、软弱涣散、纪律松弛、官僚主义、形式主义等问题。（吴昊《反腐倡廉风云录》）

(174) 北大各硕士专业报名分布并不均衡。报名录取比从最高的民商法学 29∶31，MBA 12∶1，到某个别专业无一人问津，差别很大。<u>从总体上说</u>，报考文科专业人数普遍高于理工科，文科专业报名录取比平均为 8∶31，理科平均则为 4.1∶1。(《北京日报》2001 年 3 月 14 日)

(175) 10 日晚，温家宝听取了山西省委、省政府关于山西省防治"非典"工作情况的汇报并作了重要讲话。他对山西前一段时期的防治"非典"工作给予了肯定。他指出，从全国来看，目前防治"非典"工作取得一定成绩，但形势依然严峻。<u>从总体上看</u>，疫情还没有得到完全控制，并仍有继续扩散和蔓延的危险。农村还存在"非典"疫情扩散的渠道和隐患。防治任务依然十分艰巨。(《人民日报》2003 年 5 月 12 日)

以上例句中的标记都是引出宏观上、整体性的概括和评论。

8. 说来说去

该标记的核心功能是突出重点，即拨开之前谈的种种问题，一针见血地指出问题最重要、最根本的关键所在。例如：

(176) 改革开放迈不开步子，不敢闯，<u>说来说去</u>就是怕资本主义的东西多了，走了资本主义道路。(邓小平《一靠理想二靠纪律才能团结起来》)

例(176)指出问题的关键不在于别的，而是怕走了资本主义道路。

9. 说了半天

该标记与"说来说去"一样，核心功能在于突出重点，即拨开之前谈的种种问题，一针见血地指出问题最重要、最根本的关键所在。例如：

(177) "你们眼馋，怎么不搬去？"刘家珍藏住说。"这可是上头的政策呀！"刘家珍却说："上头有上头的政策，我有我的'政策'。""以农为本，我们同意，也得广开门路呀！"刘家珍摇摇头，板着脸说："我才不去犯那错误呢。"呵！<u>说了半天</u>，他是怕犯错误。大家鼓励他说："你别怕，要是有人说你犯了错误，我们给你顶住！"(《人民日报》1980 年 12 月 27 日)

(178) 杜逢时和小王出去之后，杨妈把金府的为难事儿有选择地说了几件，留了几件。说出来的，主要是张全义的事儿——她认为张道士能帮得上的。至于金丹被盗这样的大事，她对"老神仙"也守口如瓶。

"<u>说了半天</u>，还不都是为了小辈儿的事儿！唉……"杨妈深深地叹了口气。(陈建功和赵大年《皇城根》)

例(177)和例(178)也是直指关键问题。从以上的例句可以看出，标记后引出的后文不是对前文的简单概括或评价，而是指出了最为根本、关键的问题。

10. 说白了

此重释标记是以更直白、更切中要害的方式，对前文进行总结、提要。有些研究认为"说白了"是一种说话方式，包含说话人强调事情真相的主观态度，称之为"坦言式语用标记"（孙利萍，2014）。这类标记应算作人际功能标记。我们认为至少"说白了"不是类似于"说句实在话""说真的""不瞒你说"这样典型的坦言式语用标记。但孙利萍指出，"说白了"的语用功能主要表现在篇章方面，包括引出对前文概念的解释，这点与我们的认识是一致的。我们承认它的多功能性，同时我们从对话语义解释的角度去看待它，认为它引出的小句是对前文语义的直接点明，据此，将它归入此类。例如：

（179）沙复明是打工出身，知道打工生活里头的 abc，回过头来再做管理，他的手段肯定就不一样。他知道员工们的软肋在哪里。所谓管理，嗨，说白了，就是抓软肋。（毕飞宇《推拿》）

例（179）中"说白了"也是用更简短、直接明了的话语总结前文的语义。司罗红（2016）认为，"说白了"所连接的 A 与 B 之间存在着因果、目的、解说、补充和递进这五种语义关系，它的语用功能表现为强调问题的实质、评价功能和总括功能。

语义总结标记的核心功能是概括前文，通过总体评价来点出重点。说到"评价"，其显著的特征是主观性，因为任何评价都离不开言语主体的主观认识、情感、态度，从功能上看，应该更多地反映人际功能。我们承认，在对事物或状况做出总体评价时，都会或多或少地体现主观性，不过，从语篇的行文来看，这类标记引出的对前文语义的概括、总结，做出总体评价，推出一个结论，从语义上、语篇结构上来说，是语义的结束，也是语篇告一段落的标志，将表示小句之间的逻辑关系上升到了表示篇章之间的关系，在语篇功能上有很明显的反映，因此决定把这类标记列在这里。

通过对上述标记的逐个考察和分析，我们发现它们之间既有共性也有区别，可以归入不同的小类。有些标记是以很简短但语义丰富的话语对前面较长的文字的核心语义做出概括，如"长话短说（吧）""归了包堆""一句话"等；有些侧重于从宏观总体出发，综合前文，得出一个评价性结论，如"可以说""可以这么说（吧）""可以这样说""总的来说""总的说来""总的来讲""总的来看""总的看来""总起来说""（从）总体上讲""（从）总体上看""（从）总体上说"等；还有一些标记与前两类最大的区别在于,做出总结的方式不是概括、浓缩语义,也不是从宏观、总体上推出结论,而是抛开前文所说的繁复细节,除去枝蔓,直接指出要点、关键和本质,如"说来说去""说了半天""说白了"等。

第一类,我们称为概括式,如"长话短说""一句话"等。

第二类,我们称为总评式,如"可以这么说""总的来说"等。

第三类,我们称为点要式,如"说来说去""说了半天"等。

## 第三节 时间顺序标记

篇章衔接与连贯理论历来都很重视研究时间、顺序关系的表达。Halliday and Hasan(1976)从宏观上以加合、转折、因果、时间的四分法来划分篇章连接成分,在这四大类下又分为若干小类。在此基础上,国内学者胡壮麟对汉语篇章中的连接词进行了分析、研究,也分为四大类,即添加、转折、因果、时空。[①] 在他的分类体系里,"时间"或"时空"单独列为一类,可见这类成分是特性鲜明而且很基础的一个类别。

时间顺序标记是表达语篇语义连贯的重要手段。徐盛桓(1991)指出,说话人在说出成串话语时,须按照先后次序来组织成语义连贯的语段。通过客观事件本身的连贯性使语篇叙述的连贯性得以体现,语篇是在有序的语言表达的基础上形成的,因此可以说,时间先后顺序是篇章中最基本的模式。金晓艳(2010)指出,篇章中的时间连接成分反映相关事件的时间先后关系,作为一种显性表达法,明示篇章中的时间顺序义。

时间与顺序是既密切联系又相互区别的两个概念,它们的关系如何,该如何分类呢? 在廖秋忠的分类体系中,时间是一个上位的概念,序列(包括起始时间、中间时间、结尾时间)则是它的下位概念。[②] 这样的分类自然是有道理的,因为任何顺序的发生都有一个时间轴,有时间上的先后。时间的先后与顺序的先后具有内在的一致性,这是它们密切联系的方面,因此我们在分类时把它们作为一个大类划分出来;同时,我们把"时间"和"顺序"作为两个并列的类别加以区分,

---

[①] 胡壮麟.语篇衔接与连贯[M].上海:上海外语教育出版社,1994:96.
[②] 在廖秋忠的分类中,一系列相关事件或一个事件的几个阶段发生的时间,如果按其先后顺序排列,同时包含或蕴含了起始时间,那么这些时间就构成了一个时间序列。

主要是想突出这两个类别的不同之处：时间标记更强调与以前相对的现在的时间，或表示时间间隔非常短暂，强调时间的特殊性等；而顺序标记则更强调事件发生的"先后"顺序，比如以说话或写作的时间作为基准，在此之前或之后发生的事情，虽然这个先后也同时是时间的先后，但不作为强调的重点。金晓艳（2008）在对前人研究成果进行概述时总结道，前辈时贤们对篇章中表现出的时间语义关系形成的最基本的认识就是"同时关系"和"先后关系"。由此，我们分两个小类来讨论，分别是时间标记与顺序标记。

## 一、时间标记

前人有不少关于时间标记成分的研究。廖秋忠（1993）对现代汉语中时间关系连接成分作了系统的分类和概括，分为序列时间连接成分与先后时间连接成分两个大类。李宗江（2014）对"现在"一词充当时间关系连接成分连接分句、句子和语段的情况以及作为话语标记用来表示结果或者程序转换的功能进行了研究。沈阳（2015）把时间标记语分为七个类别：即时时间标记语，同时时间标记语，特时时间标记语，终时时间标记语，连时时间标记语，前时时间标记语和后时时间标记语。我们通过辞书、相关研究论文和语料收集到的时间标记有"这时""这时候""这回""这下""这下子""这一下""一转眼""转眼间""正赶上"等。以下分别详述。

1. 这时（这时候）

有不少研究对于"这时""这时候"的使用情况特别是语体特征做了研究。杨同用（2002）考察了叙事文本独白中的"这时"，认为它可以连贯语篇，转换叙事状态。李秉震和李岑星（2018）考察了叙事语体、操作语体（如菜谱等）和论证语体中"这时"和"这时候"的用法。在操作语体中，"这时"表示的是步骤之间的前后相承和时间上的紧密相接，为后续的操作提供指引。在论证语体中，"这时"可以引出条件义和结果义的小句。操作语体中的"这时"可以用"然后"来替换，而引出条件义和结果义则是"这时"自身的时间义逐渐弱化，在语义演变的过程中逐渐产生了逻辑关联义。

受所得语料的限制，我们的研究仅限于叙事文本。我们发现，"这时""这时候"主要是强调叙述中当下的时间或说话人说话的时刻。例如：

（180）不一会儿人都走净了。刚才还是热火朝天，<u>这时</u>变得冷冷清清。（浩然《新媳妇》）

(181) 他想看看解净是什么态度,她是副队长、共产党员,平时小嘴叭叭的,<u>这时候</u>会怎么办?(蒋子龙《赤橙黄绿青蓝紫》)

以上例句中的时间标记都更强调当下的时间,与以往的时间(发生的事件或存在的情况)做出对比,强调"现在""这回"的特殊性。

2. 这回

动量词"回"除了表示动作、行为的次数外,还可以表示时间量。金桂桃(2008)通过考证指出,"这回"产生时间关系篇章功能是始于元代。

"这回"表示时间关系,与说话前的时间相对,强调当下的时间,相当于"现在""这会儿"。例如:

(182) 刚才小二哥挨了打,因为一个人力量小啊!<u>这回</u>,咱们都跟小二哥去!(老舍《秦氏三兄弟》)

(183) 他平时花钱就大手大脚的,没个计划。<u>这回</u>发了年终奖,还不知道要怎么挥霍呢。(日常会话)

例句中"这回"引出其后分句,表示与此时间之前的状况的区别。

3. 这下(这下子)、这一下

动量词"下"除了表示动作行为的次数外,还可以表示时间量。金桂桃(2008)通过考证指出,"这下"产生时间关系篇章功能是始于清代,经历了语义演变的过程,由指事到指时,由指所需时间短促义到指当时义。张文贤等(2018)指出,在讲述性的叙事语境中经常出现具有连接功能的"这下"。"这下"常用于指称对比语境中的当前时间,表示时间关系,相当于"这次""这回"。例如:

(184) 云霞整年在外头比赛训练,有七个春节就不见回家过,<u>这下子</u>也算能过上团圆年了。(赵瑜《马家军调查》)

(185) 原先总抱怨搞学问的不如作家们出名快。<u>这下</u>可全出名了,没想到出名并不难……(梁晓声《京华闻见录》)

(186) 他一直不知道被人前呼后拥是什么感受,<u>这一下</u>上电视出了名,可算能过回当名人的瘾了。(BCC语料库)

李宗江(2007)指出,"这下"除了表示"当下"的时间来连接先后发生的事件,还可以表示说话者讲述的进程。例如:

夜航船,历来是中国南方水乡苦途长旅的象征。……<u>这下</u>可以回过头来说说张岱的《夜航船》了。(余秋雨《夜航船》)

4. 一转眼(转眼间)

该标记强调时间的"短暂"性——过得非常快,非常短。例如:

(187) 我还记得当初刚跨入校门时,对万事万物都那么新奇。<u>一转眼</u>头发掉了不少,快毕业了。(作者自拟)

(188) 天空还是一片浅蓝,颜色很浅。<u>转眼间</u>天边出现了一道红霞,慢慢地在扩大它的范围,加强它的亮光。我知道太阳要从天边升起来了,便不转眼地望着那里。(巴金《海上的日出》)

上述例句强调了时间的短暂,以突出变化之快。

5. 正赶上

该标记突出了时间点上的巧合,连接上下文在此时间点上发生的事件。例如:

(189) 你看,那天我找他去,<u>正赶上</u>孟太太又和他吵呢。(老舍《听来的故事》)

(190) 小梦和她的男朋友大吵一架,两人僵持不下,<u>正赶上</u>男朋友的妈妈开门进来给他们送饭,僵硬的气氛才被打破。(BCC语料库)

上述例句强调了时间上的巧合,突出这个时间点的特殊性。

## 二、顺序标记

顺序标记与时间标记的关系非常紧密,顺序的先后是依发生时间的先后产生的,是由时间关系而衍生出来的。金晓艳和柳英绿(2010)指出时间连接成分反映了篇章中相关事件的时间先后关系,是篇章组织中时间顺序义(先时顺序、后时顺序、起始顺序、结尾顺序)的显性表达法。与此相对应,还有一种隐性的时间表达法,主要依靠语序来表现时间先后顺序,而没有明显的形式标记,这在汉语中普遍存在。我们在分析时把主要反映顺序先后关系的标记归入此类,有"开始""一开始""一上来""接下来""接着""紧接着""跟着""紧跟着""下一步""回身""转身""转头""回头""回来""后面""后边""下面""下边""往下""再往下""再往下去""再下来""先是""后是""首先""其次""再有""末了儿""到末了儿""末末了儿"等。按照顺序的先后关系,我们把它们分为三类:表示起始的标记、表示承接的标记和表示结束的标记。

(一)表示顺序的起始

此类标记所在的句子代表在最初的时候发生的事情,与"后来""然后"等相对,有"开始""一开始""一上来""先是""首先"等。

1. 开始(一开始)

此类标记表示顺序的起始、最初发生的事情或存在的状况。例如:

(191) 对于一些青年读者反映《红楼梦》刚开始难读的问题,白先勇建议沉下心、仔细品味:"一开始一大堆人物登场,又是姑表又是姨表,让人连人物关系都搞不清楚,当时中国的宗法社会和现在的家庭制度不同,确实是个障碍,需要读者有耐心、慢慢看。"(《人民日报》海外版 2016 年 2 月 26 日)

(192) 广州市公开行政执法数据,一开始不少人担心,有些行政执法部门会否有意"眉毛胡子一把抓","晒"出一份谁也看不明白的"天书"。(《人民日报》2017 年 4 月 17 日)

(193) 一觉醒来,史迪威感到有了精神,但是他惊讶地发现头上的帽子不翼而飞,接着又发现了眼镜、怀表和烟斗。开始他以为有人同自己捣乱,后来士兵们在一棵树上发现那顶老式战斗帽,他才恍然大悟,原来恶作剧的是那些报复人类的猴群。(邓贤《大国之魂》)

例句中"开始""一开始"引出一系列事情中最初的情况和局面,表示顺序事件的初始状态。

2. 一上来

该标记表示开始、最初的情况。例如:

(194) 来自黑龙江的年轻棋手郑岩在昨天比赛中,一上来下得颇有气势,本来是黑棋打入白阵,后来竟然形成了黑棋反攻白棋的形势。(《文汇报》2004 年 11 月 16 日)

如例句所示,在一个有顺序进程的活动——围棋比赛中,由"一上来"引出活动事件最开始的局面。

3. 先是

该标记用在按时间顺序发生较前的事之前,常与"后是"搭配使用,提示它们的先后时间顺序关系。例如:

(195) 先是左眼跳,后是右眼跳,也弄不清究竟跳财还是跳灾。(李国文《危楼记事》)

(196) 那时候凶手显然想说服对方,他先是要求,后是哀求,希望对方别再和自己的妻子来往。(余华《偶然事件》)

例句中由"先是……,后是……"将发生的一系列事情的先后顺序很明显地表示出来。

4. 首先

"首先"用在按顺序先后发生的事件或几个要说的问题的最前端,其后常常有"其次""再有""最后"等提示先后关系的词语同时出现。例如:

(197) 首先,煤矿的各级领导还要转变观念,看准了的就大胆地闯。其次,需要方方面面的理解和支持。再有,政府部门要加强对市场的宏观调控,依法规范市场行为,建立健康的市场秩序。(《人民日报》1995年6月12日)

例句中,"首先……,其次……,再有……"构成了表达一系列依序发生的事件或要说的问题的一种固定格式,以表明它们之间的先后关系。

(二) 表示顺序的承接

这类标记在表示顺序的先后时,最突出的特点在于,着重承接上文表示接下来的顺序。有些表示说话后要发生的事,有些表示承接上文顺序在后的事,有些表示接下来要说的内容,有些表示接下来的动作,有些在表示一系列顺序事件的固定格式中引出较后发生的事。以下分别详述。

1. 接下来

"接下来"用于连接先后发生的事,引出顺序在后的事情,相当于"随后""后来"。例如:

(198) 就在陆建设伸手想收回那叠钱的时候,人群中有一个男人甩出了一百元钱,说:我押一百。接下来立刻是争先恐后的局面,你二百,我三百,顷刻间一千元就齐了。(池莉《你以为你是谁》)

例句中的"接下来"引出一系列事件中顺序在后的事情。

2. 接着(紧接着)、跟着(紧跟着)

用于连接先后发生的事,引出顺序在后的事情,相当于"随后""后来"。例如:

(199) 大奶奶技术不熟,火没压死。傍天亮时火苗蹿上来把炕头可就烤红了。接着席子、褥子就一层层地往上焦糊,因为压得厚,叠得死,光冒烟不起火,这气味可就大了。(邓友梅《烟壶》)

(200) 刚刚接到电话说,他可能被人陷害了,紧接着公安局就派人找上他了。(BCC语料库)

(201) 又待了一会儿,红中透出明亮的金黄来,各种颜色都露出些光;忽然,一切东西都非常的清楚了。跟着,东方的早霞变成一片深红,头上的天显出蓝色。(老舍《骆驼祥子》)

(202) 与此同时,有个人擦着他的背飞起来,"咕咚"掉进了水里,紧跟着"扑通"一声,又一人落水了……(映泉《同船过渡》)

"接着"等标记表示与前文所发生的事情或出现的情况是接连发生或出现的,中间的间隔时间非常短,例(199)~例(202)都是如此。

3. 回身(转身)、转头

"回身""转身""转头"这类词语原本表示身体状态的一种改变,李宗江(2011)对这一类表示身体状态改变的词语,如"抬脸""扭头""举手""张嘴"等的语用功能进行了分析,认为它们不为句子增加命题意义,主要发挥程序性功能,表现为调节韵律和连接小句的功能。在韵律的方面可以平衡句长,标示断句;在小句连接方面主要用于连接几个先后发生动作的小句。它们在经历语法化后获得了标示时间先后关系的功能。从语料来看,这类标记主要用于连接相继发生的两个动作,相当于"随后"。例如:

(203) 正说着,徐伯贤拿起这两盒金丹,回身锁进了密码保险柜。(陈建功和赵大年《皇城根》)

(204) 她说游泳可以,别顶着日头去游。我嘴里嗯嗯答应,说明年夏天注意,转身就把她给我的衣物撂到一旁。(王朔《浮出海面》)

(205) 我和罗书记跑到省里,找了分管交通的副省长,他答应做厅长的工作。转头我们又去找了省人大的江副主任,他当时……(郑局廷《国家投资》)

例(203)和例(204)中的"回身"和"转身"连接了先后发生的两个动作,例(205)中的"转头"连接了先后发生的两件动作性事件。

4. 回头、回来

"回头"原本表示"把头转向后方",词汇化后,产生出多种意义和功能,其中之一是我们在本章第一节中提到的作为条件标记引出条件句。毋冬梅(2010)考察了时间副词"回头"的语法化轨迹以及成因。李宗江(2006)考察了"回头"的词汇化过程,认为它在语义虚化后起的作用是连接前后两个动作,受到语境中表示"后来"的时间意义的影响而逐渐转变为关联成分,一般用于非现实句。

我们根据收集的语料,认为"回头"在表示时间顺序义时主要用于将来的时间,表示在说话时间之后要做的事。例如:

(206) 这冰箱算我买的,回头我把钱给你,我砸锅卖铁也一分钱不少你!(电视剧《编辑部的故事》)

(207) 没出息,这么大人还吃水果糖——<u>回头</u>我给你买点果冻。(王朔《无人喝彩》)

尚加加(2010)认为,"回头"从实义动词短语,到表假设条件义,再到连接前后两个言语行为,作为顺序连接成分的一种标记,是意义不断虚化的结果。

"回来"与"回头"类似,用于将来的时间,表达"过一会儿""过段时间"的意思。例如:

(208) 一想起自己是病人,马先生心里安慰多了:谁不可怜有病的人!<u>回来</u>,李子荣都得来瞧我!(老舍《二马》)

例句中"回来"表示说话后的时间,不久后要发生的事情。

5. 后面(后边)

"后面""后边"表示接下来在说话后要做的事。例如:

(209) 当然,道教所奉的神灵神仙系统十分庞大,<u>后面</u>将分别介绍。(阴法鲁和许树安《中国古代文化史》)

(210) 老实告诉你,给师傅点烟这是最简单的,<u>后边</u>还有更复杂的。(蒋子龙《赤橙黄绿青蓝紫》)

由例句可以看出,"后面""后边"承接前文,引出之后的动作行为,用作表示顺序中承接的标记。

6. 下面(下边)

"下面""下边"引出接下来要说的话。例如:

(211) 老四家的,把孩子管管。好了,大家也都别说了。<u>下边</u>咱们说正经的。(张平《姐姐》)

由例句可以看出,"下面""下边"主要用在"讲话"这一行为过程中,提示说话的顺序,承接前文,引出接下来要说的话。

7. 往下(再往下、再往下去)、下来(再下来)

"往下"等标记引出之后的内容或事情。例如:

(212) 杨妈关了堂屋的门,举灯引路,领金一趟走进西耳房,将这盏青花罩黄铜座儿的煤油灯放在硬木大案子上,金一趟坐在了案子前边的方凳上。<u>往下</u>便是"七月二十八日"的主要内容了,既简单又复杂,其实就是金一趟无言的忏悔、怀念和心祭。(陈建功和赵大年《皇城根》)

(213) 头几次去,和不少人哈罗哈罗地招呼了一圈,操着他那几句口音涩重的英文告诉人家自己是物理系的学生,来这儿有多久了,住在哪儿,这儿的热天气和西安有多少不一样。<u>再往下去</u>就没什么别的好说似的。几个钟头一晃就过去了,翻来覆去就么一套话。(小楂《客中客》)

(214) 立春前后,卖青萝卜。"棒打萝卜",摔在地下就裂开了。杏子、桃子下来时卖鸡蛋大的香白杏,白得像一团雪,只嘴儿以下有一根红线的"一线红"蜜桃。<u>再下来</u>是樱桃,红的像珊瑚,白的像玛瑙。端午前后,枇杷。夏天卖瓜。七八月卖河鲜:鲜菱、鸡头、莲蓬、花下藕。卖马牙枣、卖葡萄。(汪曾祺《鉴赏家》)

由例句可以看出,这类标记明确表示顺序,承接前文,引出顺序在后的内容。

8. 下一步

该标记表示接下来打算要做的事情,前文是顺序在先的事情。例如:

(215) 修改论文是很大的工程,前两天把框架结构调整好了,<u>下一步</u>还要修改具体的词句、例子,改摘要和结语。(作者自拟)

例句中"下一步"连接两个动作行为,引出接下来将要做的事情。

9. 后是

"后是"用在按时间顺序较后发生的事之前,提示它们的先后时间顺序关系,与"先是……"搭配使用,形成固定格式。例如:

(216) <u>先是</u>左眼跳,<u>后是</u>右眼跳,也弄不清究竟跳财还是跳灾。(李国文《危楼记事》)

(217) 那时候凶手显然想说服对方,他<u>先是</u>要求,<u>后是</u>哀求,希望对方别再和自己的妻子来往。(余华《偶然事件》)

10. 其次、再有

"其次""再有"等标记用在按顺序先后发生的几个要说的问题中,不是第一个问题之前,与"首先"搭配使用,形成固定格式,提示其顺序先后关系。例如:

(218) <u>首先</u>,煤矿的各级领导还要转变观念,看准了的就大胆地闯。<u>其次</u>,需要方方面面的理解和支持。<u>再有</u>,政府部门要加强对市场的宏观调控,依法规范市场行为,建立健康的市场秩序。(《人民日报》1995年6月12日)

这部分标记语,在逐个分析后,我们尝试着把它们归为三类:

第一类表示发生在先的(事情),如"之前"。

第二类表示发生在后的(事情、话语、动作),如"接下来""接着""紧接着""跟着""紧跟着""后面""后边""下一步""回来""回头""下面""下边""往下""再往下(去)""再下来""回身""转身""转头"。

第三类表示发生的先后,如"先是""后是""首先""其次""再有"。

(三)表示顺序的末尾

此类标记表示事情发展到最后出现的情况,有"末了(儿)""到末了(儿)""末末了(儿)"等。

"末了"表示事情依照时间顺序发展到了最后。例如:

(219) 这次康伟业说的是真心话,段莉娜感动了他。他与她手执了手,掏心掏肺地絮絮叨叨地说话,正如相依的唇齿。末了,段莉娜指着康伟业的心说:"康伟业呀康伟业,如果你将来真的发了,千万不许搞女人。如果搞了,我就与你同归于尽。"(池莉《来来往往》)

(220) 田平他爸红光满面悠然而出连望都不望一眼田平。这气派令好些人肃然起敬。到末了选协会理事时,田平他爸得票竟进入前五名,比名气赫然的豆儿他爸多出几十票,自然当选成了理事。(方方《白雾》)

(221) 你收拾屋子,我做饭,这是咱们事先说好了的。末末了呢,我饭快做得了,你这屋子一点都没收拾。这件事就是你的不对。(电视剧《闲人马大姐》)

由例句可以看出,这类标记用于引出按顺序排在末端的事情。

## 第四节　语义填充标记

语义填充标记,顾名思义,其主要功能是在语义不连贯或缺失的地方进行"填充",较早提出这一说法的是 Brown and Yule(1983)。由于这类标记是说话人在言说过程中犹豫、思索、语义暂时停顿或缺失时的补白、占位,从语义的角度来说,更多像是在谈话过程中对语义空白的填充,语义理解上完全可以省去,但是话语表达时却不能避免,因此我们采用"语义填充标记"来命名这类标记。

口语是即兴发起并进行的,不像书面语有充裕的时间来选择恰当的词语、周密地构思以完善语篇,但又需要表达顺畅,传达的信息明白易懂,形成一个前后衔接、连贯的口语语篇整体。在这个过程中,说话人会面对种种可能发生的情况,可能一时语塞、思路有些混乱,可能需要时间来酝酿接下来要说的话,可能暂时记不起要说的词语或话题,可能在考虑表达的方式,也可能仅仅想暂作停顿等,会有意或无意地使用语义填充标记来使说话过程更顺畅地进行下去,以保持谈话的连贯性。我们在日常的语言表达中会不自觉地用到这类标记,无法规避它们，从这个意义上来看，使用填充类话语标记的语言表达才是最符合自然规律、最地道的。

习晓明（1988）在《填充词及其用法》中认为，填充词的主要用法有以下四种：或是作为反应信号，如"哦""是的""好"等；或是作为纠正信号；或是作为犹豫词；或是作为启动词。

贾建军（2008）在《填充词的生成原因和语用功能》中参考了 Levelt（1989）的会话模式，提出填充词具有以下语用功能：表示停顿开始、停顿结束；表示说话人的犹豫；说话人修正话语；转接和维持话轮；引起听者的注意；表示态度；提供当前心理活动的信息，推动交际过程，使交流更容易。

李圆圆（2017）专门针对现代汉语填充类话语标记进行了研究。她主要研究了四类填充类话语标记，分别是"嗯（呃）"类、"就是"类、"这个/那个"类和"然后"类，从语音、句法、语义、功能、语体风格这几个方面提出了填充类话语标记的界定标准。一般来说，作为填充类话语标记，意义已经充分虚化了，她在分析的时候，对这四类标记在做填充类话语标记的同时意义又相对实在的情况做了分析。在意义相对实在的情况下，她认为："就是"类主要表示对肯定的强调以及确定范围，排除不是这个范围内的其他成员；"这个"类主要是指示或者指代较近的人、事物；"那个"类是指示或指代较远的人、事物；"然后"类主要表示几件事情接连发生。在语篇组织功能方面，有形式连贯和内容连贯两方面的功能。形式连贯方面表现为：整体形式连贯功能，主要表现为设立话轮的起始点、转接话轮、延续话轮以及结束话轮；局部形式连贯功能主要表现为占据话轮功能和延续话轮功能。在语篇的内容连贯方面，填充类标记的作用主要体现为设立话题、延续话题、切换话题、拉回话题、重新解释以及突出话题内容等。

李咸菊（2008）指出话语标记"这个"和"那个"的功能表现为占据时间和空间，以便给说话人留出更多时间来思考和组织话语；此外，还有引起话题的功能、调节修正话语的功能等。

刘丽艳（2009）指出在口语交际中，话语标记"这个"和"那个"的功能主要表现在话轮转换、占据话轮和衔接话语等方面；此外，它们在具体交际中还表现出指后性和替代性的特点。

殷树林（2009）则指出很多因素会对"这个"和"那个"的使用情况造成影响，如谈话的场合和氛围、谈话的内容和准备情况、面对面交际与否以及书面化程度等。

第四章 语义连贯：言语行为语义连贯标记

我们在对这类标记进行研究时，仍是从功能的角度出发，依据其主要的、核心的功能对其进行进一步的划分。通过对数据库中相应例句的检索和分析，我们觉得可以将这类标记进一步细分为两个小类：一类主要出现在说话停顿处，主要功能是在话语中填补语义空白，起到占位的作用，我们称之为"占位标记"；另一类是承接上下文，使说话的过程有前后顺序，虽然没有实在意义，但起到了顺接的作用，这类标记常常重复使用，以保持说话人话语的延续，我们称之为"顺接标记"。总的来说，填充标记的使用是为了保持或增强话语的连贯性。

## 一、占位标记

典型的占位标记以"嗯""呃""啊""怎么说""怎么说呢""怎么说啊""这""这个""那""那个""那什么""那啥"等为代表，在口语中可能有不同的发音，(如"嗯"也可能是"呃")广泛存在于日常会话中，无实义，可以去掉而不影响原义，如果大量、过多使用会给人以说话不流利、不利索的感觉，在书面语中较少见，会被认为是多余的词语或者缀疣。占位标记的主要功能是为说话人思索表达内容及表达方式(措辞)留出时间，填补思维空白，保持语义连贯、不中断。

1. 嗯(呃、啊)

这类标记在传统上被划分为语气词，说话人用在说话中停顿的地方，临时占位，保持话语的连贯，使说话继续进行。例如：

(222) 有个学生不假思索，脱口而出："前面，没有困难，嗯，说出，前面就说呀，嗯，那个，渡江，那个摆渡，渡过去受影响，就不存在，嗯，下面在这儿居住。"(BCC语料库)

(223) 我是啊，是让他给我气的！(日常会话)

有时说话人在言说过程中的停顿代表了其思维的空白，用占位标记来填充这个空白，以争取一些思考下面所说话语的时间。观察例句可以看出，不同的占位标记如"嗯""啊""这个""那个"等，说话人是随机选择一个或几个，在话语中常常混合使用(郭风岚称之为"即席性")。例如：

(224) 北京退休工人张××老大爷在旧社会蹬过三轮儿，提起那时候的生活，他说："在这个旧社会，嗯，这个有什么这个，没有什么，没有饭吃的时候，就是什么，就是这个，嗯，那一阵好比，嗯，做工临时工吗，也不好找，也找不到，嗯。"(BCC语料库)

103

(225)机场接送我们只能是从啊——从首汽那边给您租车。(BCC 语料库)

以上两例中,占位标记在话语的停顿中占位,舒缓了语气,作了思维上的缓冲,为下文组织话语提供了时间,以便说话人有时间在思考的同时组织话语。

有时说话中的停顿是由于说话人没想好该怎么措辞而产生的,也用占位标记来填补它。例如:

(226)"这件儿,嗯,怎么说呢,你穿上怎么看都像租来的。"(苏叔阳《安娜小姐和杨同志》)

(227)他一再问母猪:"我说呀,嗯,猪妈妈,您的孩子能跟得上班吗?"(杨红樱《小猪上学》)

(228)呵,史兆昌竟忘了救国女侠还在旁边。"唔,唔,呃,是啊,咱们……咱们……""说啦。""我……我……咱们……我是说,咱们……咱们得算算账。"(张天翼《洋泾浜奇侠》)

在这几个例句中,说话人感觉将要说的话可能听话的人不是那么好接受,因此需要时间来想一个婉转的说话方式和用词,其中的占位标记为说话人争取了思考措辞的时间。

2. 怎么说(怎么说呢、怎么说啊)

"怎么说"除了表达让步语义关系外,还有别的功能,就是用作占位标记。"怎么说"+"呢"作为标记使用时没有让步语义,以占位功能为主。

刘丽艳(2013)将"怎么说"命名为"话语斟酌标记",认为它的核心义是对后续信息的组织与斟酌。她对"怎么说"的语用功能进行了详细考察,认为它在话轮首段出现时,具有开启应答序列的功能,同时标示后续信息的复杂性、负面性和敏感性,以此减轻它们给交际双方带来的负面刺激和面子威胁。我们认为,这是对"怎么说"人际功能的探讨。她还认为,在话轮中间出现时,"怎么说"的功能表现为话题推进功能和陈述延迟功能。话题推进功能与我们后文的言谈持续功能类似,陈述延迟功能主要表现为内容搜索和词汇(表达式)斟酌,我们认为,简单地说,就是在言语行为中的占位功能。

曹秀玲(2014)探讨了"怎么说呢"的形成机制,认为它经历了由问到非问的语法化过程。她指出,在对话体中,它具有回避和转移敏感话题的功能,可以引出说话人委婉的反对或负面评价,表示说话人欲言又止的心理。

吕为光(2015)认为"怎么说呢"是迟疑标记,其功能为推迟表达时间以组织话语。他从元认知在调节、监控言说过程中的形式体现来看待这一问题,并对

"怎么说呢"出现的语境做了整理,有因解释原因而迟疑,因尴尬、换言表达、具体说明而迟疑等。

通过对前人研究的梳理与思考,我们发现,前人提到的一些功能,如回避和转移敏感话题、引出负面评价等,更多强调的是"怎么说呢"的使用语境,或者说是说话人使用"怎么说呢"的原因。说话人在话语表达的过程中因何而停顿、迟疑,原因很多也非常具体,与其所处的语境有很大关联,我们不可能逐一分析周全。这些原因与其说是作为"怎么说呢"的功能体现,不如说是由"怎么说呢"本身的占位功能所决定的。因为"怎么说呢"可以在言语行为过程中占位,所以在遇到敏感话题、尴尬局面或委婉反对等情况时,说话人才会使用"怎么说呢"来占位,以缓解这些情况。

由此,我们认为"怎么说""怎么说呢"作为占位标记的主要功能是在话语中停顿处占位,表现了说话人迟疑的态度,以争取到思考的时间去组织措辞。例如:

(229)"……全义,这几年,过得还好吧?"周仁给全义让了一支烟,那神情倒是十分坦然。……"<u>怎么说呢</u>,还可以吧。你跟金秀不是都见过面了吗?她还能不告诉你?"张全义的语气也十分柔和,可周仁还是感觉到了,那柔和里藏着尖刻。(陈建功和赵大年《皇城根》)

(230)这件事儿,<u>嗯</u>,<u>怎么说</u>,我不是不同意你让他们住进来,只是说,你能不能再考虑考虑?(日常会话)

例(229)中说话人被问到"这几年,过得还好吧",这个问题很宽泛,并不好回答,因此说话人用了"怎么说呢"来争取思考时间、组织措辞;例(230)中"怎么说"在说话过程中的占位体现了说话人的迟疑,需要时间来斟酌措辞。由例句也可以看出,"怎么说"的人际功能(由于争取到时间进行了思索)缓和了说话的语气,表达方式更委婉,从而缓和了双方的人际关系。

3. 这、这个

刘丽艳、郭凤岚、许家金、殷树林、曹秀玲等学者都曾从不同方面撰文对此类标记进行专门的研究。"这""这个"用作占位标记,与"嗯""啊"等类似,用于停顿处,以保持说话的连续。郭凤岚(2009)认为,这类标记有调整话语、修正话语的作用。它们可以出现在话轮起始处,也可以出现在话语中间。例如:

(231)<u>这个</u>——<u>这个</u>——<u>啊</u>,<u>这个</u>——<u>这个</u>——<u>啊</u>,毛主席说了,民族,是<u>啊</u>,资产阶级是<u>啊</u>,有他的两面性,有他软弱的一面,<u>啊</u>,<u>这个</u>——<u>这个</u>,我觉得<u>啊</u>,毛主席

啊,有两下子!(电视剧《大宅门》)

(232) 你比如,这个那个这个我曾经举过这个例子,就是说这个伊波顿,伊波顿到美国去参加金球奖,他说了一句其实还不是,应该不是很脏的话。他说了一句,然后这个美国国会议员就很愤怒。(《锵锵三人行》2007年3月9日)

以上例句中,占位标记"这个""啊"为说话人思考、组织话语争取了时间。

4. 那、那个、那什么(那啥)

该类占位标记,用在说话中间,以保持话语的延续和连贯。例如:

(233) 我说你们可没看见呀,那,那——后来好多人都围过来了,把那小子吓坏了,以为都要揍他呢。(李宗江和王慧兰《汉语新虚词》)

(234) 白景琦:唉,你是因为什么被抓进去的,啊?

白敬业:那什么——那——那个,我是给您送药去了。后来犯了夜了。(电视剧《大宅门》)

(235) 丁四嫂:你要说什么呀?

大春妈:哦,那个,那什么,嘎子妈,我——是想啊,想请您给我们大春保个媒。(电视剧《龙须沟》)

例(231)~(233)中,"这个""那个""啊"等多次使用,可以看出说话人很可能是临时组织这段话语,并没有预先想好说什么,可能是边想边说,同时为了不过多留出时间上的空白,掌握说话的主动权,因而用了大量占位标记进行填充。李咸菊(2008)对"这个"和"那个"的主要功能进行研究时指出,位于句首时,"这个"起到占位作用,提示下文有要说的话,起到了帮助说话人赢得思考时间的作用,以便说话人想好说什么;在开始说话后,说话人也需要用"这个""那个"来准备好怎么说,它们起到帮助说话人调整思路、组织话语的作用,在说话过程中衔接前后话语,使其自然、连贯。

例(234)和例(235)中的"那什么"有时只是占位,给说话人思考的时间,即后文的内容还没想好说什么;有时可能只是作为一时缓冲,已经想好后文说什么,只是说的时候有些迟疑。

"这个"和"那个"作为占位标记时,体现相同的功能,不过还是有不少学者把关注点放在两者的区别上。郭风岚认为它们的使用频率有时还与性别有关。郭风岚(2009)研究显示,女性多用"那个"而男性多用"这个"。"这个"与"那个"在使用中具有不对称性,刘丽艳和殷树林认为,"这个"更多地用于上对下的话语中,而"那个"更多地用于下对上或平等关系的话语中。

标记词"这个""那个"等具有多功能性,除了占位功能外,在话题组织和会话的话轮中都发挥了不小的作用,我们后文会谈到。

## 二、顺接标记

李咸菊(2008)对"然后""完了""回头"进行研究,指出它们最强大的功能是充当话语的衔接手段,实现话语间的连贯。说话人对事件进行描述时总会试图保持一定的话语顺序,这一话语顺序或者决定于事件发生的先后顺序,或者决定于说话人主观的心理顺序。

人们在说话时,往往按照时间线索或事情发生的先后顺序来组织话语。说话人有几个意思要讲,这几个意思构成一段话语。在这段话语里,小句与小句之间可能存在种种逻辑语义关系,这些关系是客观存在的,为了将这些关系明显提示出来,以便听话人更容易理解,说话人往往会运用一些语法的或者词汇的手段,这些手段在说话中不断地被高频率地使用,就促使某些表达方式或词语的语义不断虚化,其功能也逐渐更多偏重于语用方面,比如"然后""而且""所以"等词,原来是表达时间顺序、递进、因果这样的语义逻辑关系的连词,意义逐渐虚化后成为表达上下文话语连贯、小句与小句之间顺接关系的标记。在每个小句的顺接处,说话人常常会借助某些顺接标记来过渡和承接上下文。说话人开始说话时也可以使用,但多为承接前一话轮的话语来开始自己的讲述。例如"完了""完后""完事儿""然后""然后呢""而且""所以""所以呀""所以嘛""所以说""所以呢""那么"等都是顺接标记。

1. 完了(le)、完后、完事(儿)

"完了(le)"原本表示"结束、耗尽、失败"等义,如:饭吃<u>完了</u>。后来在口语中,"完了"又产生了如下用法:你先走,<u>完了</u>我去找你。

对于"完了"的性质,学界看法不一。李宗江(2004)探讨了"完了"的虚化机制和虚化历程,认为口语中的"完了"已虚化为一个发挥篇章连接功能的时间副词,相当于"然后"。方环海和刘继磊(2005)认为"完了"是具有篇章连接功能的关联副词。余光武和满在江(2008)认为"完了"与"然后"同为顺接(承接)连词。受到虚化前实词语义的影响,两者语义上略有差别;另外,在使用语体方面,"完了"仅出现于口语语体的语料中,"然后"则在口语和书面语中都有。高增霞(2004)区分了"完了"的连词用法和话语标记用法。殷树林(2011)同意高增霞的看法,并认为"完了"是由"V完了"结构承前省略动词发展而来的。

关于"完了"的功能,高增霞(2004)认为在作为话语标记时,"完了"具有设立话题、找回话题、切换话题的功能,特别提到切换话题是指在说话中,前后内容没什么联系,只有说话上的先后关系,"完了"把说话人先后的两个言语行为衔接起来。这样的功能,在我们的分类体系中被认为是"语义填充功能+言谈持续功能",属于动作连贯的范围,在第五章会谈到。殷树林(2011)认为"完了"具有建构语篇和延续行为的作用。建构语篇是指"完了"可以衔接事件与观点、事件与话题等;延续行为是标示说话人要说的内容是其前面所言的延续。这与我们的看法是基本一致的。我们认为"完了"等顺接标记主要用于承接上下文,保持语义连贯,连接先后发生的事件等。

"完后""完事"与"完了"类似,用于承接上文,引出下文,连接先后发生的事件,与"然后"类似。例如:

(236) 你是不是觉得孩子出了点事,完了你心里没底呀?(电视剧《乡村爱情》)

(237) 1989年,张艺谋带《菊豆》剧组到安徽黟县拍外景,选择了山里娃张毅作演员,完后扔下230元人民币的报酬走了。(《1994年报刊精选》)

(238) 那不是吗?领导来了,亲戚朋友也来了,完事还有不少其他的人,都来看我,弄得我挺不好意思的。(李宗江和王慧兰《汉语新虚词》)

可以看出,例(236)中"完了"已无实在意义,完全虚化为承接上下文、保持语篇过渡的顺接标记。例(237)和例(238)中的"完后""完事"保留了部分原有实义,但主要还是体现为语篇衔接功能。

2. 然后(然后呢)

在《现代汉语八百词》中对"然后"的解释是,连词,表示一件事情后接着又发生另一件事情,主要表达时间先后关系。方梅(2000)认为"然后"等连词已产生出弱化连词的用法。许家金(2009)认为虚化后的"然后"作为连接标记,是话语标记的一种,可以表示先后关系、列举、开启话题等。

我们认为,类似"然后"这样的意义已充分虚化后的连接成分是顺接标记,可以在谈话中重复使用,以保持自己话语的延续,增强话语的连贯性,如"然后""而且"等。马国彦(2010)也指出,这类标记高频重复使用会引起语义弱化,使其意义进一步抽象为仅具有表示话语单位之间或言语行为之间在线性顺序上的关联义。它们由之前表达语义逻辑关系演变为在以下例句中只表达上下文的顺接关系。例如:

(239) 国学妹妹是什么,是有个小女孩,总是穿着那种很暴露的三点式的衣服,很性感,然后跑到北京国子监,在里面跳舞、跳热舞,然后把整个过程拍下来。那么她自己也填一些律诗,然后呢就在网上弄,那么天天搔首弄姿,最喜欢抱着个孔子像来做某些很大胆的动作。(《锵锵三人行》2007 年 6 月 28 日)

可以看出,例句(239)中说话人在讲述过程中用了很多个"然后",使自己的思路得以顺接下去,"然后"引出的每个分句之间并没有明显的语义逻辑关系,它们是共同围绕一个主题而展开的一系列话语。

3. 而且

顺接标记"而且"在口语中引出的句子之间已经没有明显的逻辑语义关系了,只是说话人为了使话语连贯下去、不断地说下去而采用的一种顺接手段。例如:

(240) 主持人:包括爷爷奶奶,那么宠着溺爱着他。现在他可以指着你的鼻子,一言不合,而且就是说,完全是为了我的需要,别的不择手段。可是当你这样说孩子的时候啊,这孩子给你犟嘴,就是说在学校,老师讲课讲错了,我站起来挑他的错。老师就让我罚站——

李国修:嗯。

主持人:而且老师以后就把我打入冷宫,以后就、就这样,弄得孩子又越来越孤僻,而且就是说老师专跟那个班上他爸爸是厅长啊,他爸爸是局长那孩子,老师还给那孩子送礼物呢,过"六一"儿童节,所以孩子很看不惯,这个老师……(《锵锵三人行》2007 年 5 月 23 日)

例句(240)中说话人在讲述过程中用了很多个"而且",使自己的思路得以顺接下去,"而且"引出的每个分句之间并没有明显的语义逻辑关系,它们是共同围绕一个主题而展开的一系列话语。

4. 所以(所以呀、所以嘛、所以说、所以呢)

该类标记原本是在语义逻辑关系中表示结果,但此义在使用中进一步虚化,成为谈话中语义不连贯时的填充词,连接上下文,以保持谈话的连续性。例如:

(241) 主持人:我们这种在第一线工作的人哪,这现在的这个时代变化,你比如说,二十年前电视上不能说的话,现在在电台、电视上已经变得司空见惯。就是说,你说的这个啊,都在理。(张天蔚:嗯)但是这个理论哪,到我们每天干这个节目剪辑的工作的这个人的身上啊,我们有时候确实会碰到很多迷惑。就很多犹豫的现象,有时候就犯了规了。所以呀,这个,我觉得这是挺好聊的一个事儿,哎,尹老师谈谈你的看法。(《锵锵三人行》2007 年 3 月 9 日)

(242) 在父母们的心里,小孩永远是第一位的,所以呢,小孩们过得幸福,他们才能感觉到幸福。所以说小孩要是不结婚,父母总会觉得你不够幸福,所以呢,他们也跟着闹心……所以,他们总催你们早点结婚。(BCC 语料库)

例句中"所以"已经弱化了前后文之间的因果逻辑关系,而只是作为上下文之间的顺接手段来连贯话语。

5. 那么

"那么"作为顺接标记在说话中重复使用,以连接前言后语,保持说话的延续性和连贯性。吴晓芳和殷树林(2012)通过语料内容的统计数据发现,在现代汉语口语中,"那么"最常见的用法是充当话语标记,占 76%(连词用例占 31%,代词用例占 1%);主要用于较正式的谈话中,若谈话内容复杂,则"那么"使用的频率会高一些;此外,"那么"的使用状况受到职业、文化素质和年龄等的影响。主持人、律师、官员、教师等职业的人"那么"的使用频率更高。

口语中高频使用的"那么"主要标示语义的顺接,增强其前后内容的连贯性,组织话语,使过渡更为自然。例如:

(243) 今天呢,日本是担心中国的崛起,那么日本现在在战略上不断地牵制中国,那么譬如说安倍,他亲自去游说欧盟不要解除对中国的武器禁运。同时呢跟欧盟、印度、澳大利亚联合起来来抵制中国,但这样的抵制,如何能够友好呢?就是说在战略的思维上,它绝对不能跟中国友好。那么你刚刚讲到,在战略的这个联盟上,它现在是宁愿跟美国去联盟,美日的结盟,而来对付中国的崛起。那么在美日的结盟下,把台湾包括在这个结盟里头,那么造成对中国的最大的一个危机了。那么今天中国说,中美之间没有问题,没有什么中美关系,只有台湾问题。同样的,这个中日之间最大的问题,也就是台湾的问题。(《时事辩论会》2007 年 3 月 28 日)

跟"然后""而且"一样,例(243)中的"那么"使得整个语篇语句之间保持前后相续,围绕共同的主题铺展开来。

还有研究认为"那么"具有找词、填词、口误等即席功能。"那么"除了有语义填充功能,还有其他功能,如从一个话题过渡到另一个话题等。

## 第五节　话题连贯标记

一般说来,语篇都有一个中心意思,由在结构上互相衔接的有连贯性的话语构成。通常围绕同一个中心意思的若干句子、句群或语段，以衔接手段组合在一起，就构成了语篇。① 这个"中心意思"通常表现为话题，即语篇是围绕一定话题展开的语义连贯的话语总体。

在言说的过程中，说话人会说出一系列句子或者语段，这些句子或语段在意义上具有连贯性，构成一个意义完整的统一体，说话人通常会围绕一个特定的陈述对象来进行叙述，这个特定的陈述对象我们可以称之为"话题"。说话人围绕话题进行言说，由此产生一个意思相对完整、统一的语篇。

语篇的语义连贯从话题的角度来看又是如何体现的呢？

话题是从语用的角度提出的一个概念，关注点在于语义内容。语言学界有关话题的研究一直颇受关注。李秉震（2010）专门针对汉语的话题标记进行了研究，他在前人研究的基础上，概括出话题具有的特点，主要是以下四个方面：一是话题的开始通常来说也是谈话的起点，由此展开一个篇章，具有篇章概念，涉及说话的人和听话的人；二是话题具有定指性，是已知的，即在谈话过程中的话题须是双方已知的信息、确定的信息，这样谈话双方才能将对话进行下去；三是话题具有相关性，也就是说，话题与之后所述的内容之间在语义上是相互关联的；四是话题具有延续性，就是说同一个话题在篇章内部会延续下去，可能由说话人不止一次地提起，而不是只出现一次。

随着言语交际活动的开始，话题的展开，一直到话题的结束，其间的语义内容要保持连贯、完整，言语行为标记发挥着不小的作用。它们贯穿于言说话题的始末，在语义内容上发挥着衔接和连贯的作用，并提示话题的某些性质和特点，据此，我们将其分为话题开始标记、话题结束标记、话题转换标记、话题找回标记四个小类，以下分别详述。

# 一、话题开始标记

话题是言谈的起点，李秉震（2010）认为这是话题的本质属性，它决定了话题的已知性、定指性、信息性以及话题本身的延续性等其余的属性。话轮与话题既有联系，又有区别。话轮更多表现为形式，话题更多表现为内容，有时话轮发生交替，而话题可以不变。

有些言语行为标记正是提示了话题的开始，如"讲起来""说到""说起""说起

---

① 王德春.语言学概论[M].上海：上海外语教育出版社,1997：263.

来""说起来了""那""那个""那什么""那啥""那个啥""对了""你比如说""像""总的来讲"等。

1. 讲起来

前文可能说的是不同的事情,由"讲起来"开始进入一个新的话题。例如:

(244) 圆月形的纱窗漏进一些光亮,这半暗的小花厅便显得阴凉可喜。……讲起来这个小花厅原是昔日一个谈机密话的地方。当着曾家家运旺盛的时代,……(曹禺《北京人》)

例(244)中前文提到了小花厅,但是没有特别说明,从"讲起来"开始话题围绕小花厅展开了。

有时一个句子或段落表明话题的词位于句首,"讲起来"紧跟其后。例如:

(245) 那些日子,讲起来真是令人心碎。那时候我们家的条件太苦了。(BCC语料库)

2. 说到、说起(说起来、说起来了)

"说到""说起"类的标记与"讲起来"类似,"说到"和"说起"只能用于引出话题,而"说起来(了)"可以引出话题,也可以在表示话题的词后出现。例如:

(246) 胡子说:"这也要归功酒厂,他们能把白干烧得又酸又苦,也不容易。"说到酒,可触到了老管的伤疤上。他一连摇了几下头说:"说不得。"(邓友梅《话说陶然亭》)

(247) 说起音乐来,就像在其他许多领域一样,我们中国人也有值得骄傲的历史:从孔老夫子时代的韶乐起,到隋唐之际规模宏伟、壮丽堂皇的宫廷大乐,还有楚歌,以及气势磅礴、金戈铁马的秦王破阵乐……这一部部贯穿我华夏民族成长史的音乐史诗,曾经使多少外域商贾学者为之倾倒啊!(刘邦立《啊!华夏之声》)

(248) 说起来,全海全旺弟兄俩长相虽差不离,性子却大不相同。(高有为《矿山主人》)

(249) 她向哥哥说了儿子小峰找工作的事,希望他能帮帮忙。哥哥听后说:"说起来了,小峰的身体现在怎么样了?"(李宗江和王慧兰《汉语新虚词》)

例(246)~(248)由话题开始标记直接引出话题,例(249)中"说起来了"引出由前文提到的事而引发的一个话题。

3. 那、那个

"那""那个"常位于句首,从而引出一个话题。例如:

(250) 那你怎么处理家庭养牛和集体生产的关系呢?(BCC语料库)

(251) 丁四嫂：你要说什么呀？

　　　大春妈：哦,那个,那什么,嘎子妈,我——是想啊,想请您给我们大春保个媒。
　　　（电视剧《龙须沟》）

"那个"是一个多功能的言语行为标记,除了可以引发一个新话题,还可以充当填充成分以连贯话语;"那"也具有多种功能,除了用于话题的开始,还常常用于话题的结束。

4. 那什么（那啥、那个啥）

前文已述,它们可用于话语中间,有填充占位的功能;除此之外,该类标记还常位于句首,以引出一个新话题。例如：

(252) 那什么,我会很努力,让自己变得更强大更优秀,然后,像你一样,去保护那个生命中不可缺少的人。（BCC语料库）

(253) 惊闻京韵大鼓老演员孙书筠今晨在京离世。唉。那啥,《夸住宅》也可以改改,改成《夸县政府大楼》。（BCC语料库）

(254) 那个啥……延边医院里人山人海,一个屋子接着一个屋子进进出出,拿着化验单。（BCC语料库）

例(253)中,"那啥"的前后是两个不相干的话题,前文话题结束,由"那啥"开启一个新的话题。

5. 对了

"对了"常常用于表示突然想起某件事情,用于说话的开头时,由此引出一个新话题。例如：

(255) 和平：哎,对了,爸,吃完饭您抽空儿给我们讲讲您在抗日战争时候的英雄事迹得了。（电视剧《我爱我家》）

(256) 对了！我是还没有看《加勒比海盗4》吗？我怎么一点都不记得了……我好想看哪……我看过了？没看过？……我的记忆越来越差了。（BCC语料库）

以上两例中,都是由"对了"提出新的话题,表示突然想到的事情。

6. 举例功能＋话题开始标记

前文已提到,很多有举例功能的标记具有开始新话题的功能。它们举例的同时开启了一个新的话题。例如：

(257) 你比如说,过去吧,北京这个,不是最近演这个《茶馆》啊,过去,北京呢,大街小巷有许多的茶馆。（吴为章《句群与表达》）

113

(258) 杨澜：九七年时候的事情，当时这个经过是什么样能不能够为我们谈一下？

李敖：就是前年的事情。

杨澜：像你这儿有一块几年牌，是当年义助慰安妇的时候，这是九七年还是九八年的事情。

李敖：这个是非常有趣的事情，大家以为我喜欢报仇，事实上以为是我跟个人之间的仇恨，这样描写我是不完整的，我也讲到国家的这种深仇大恨。(《李敖对话录》)

例(257)中，说话人举例的同时，开启了新的话题，谈论到北京的茶馆；例(258)由"像"引出了新的具体要谈论的话题——义助慰安妇。

7. 语义总结功能＋话题开始标记

具有总结功能的标记除了可以总结前文语义外，还可以开启新的话题，这时，它们常位于句首，用于谈话的开始。例如：

(259) 同志们，朋友们，<u>总的来讲</u>，过去的一年我们单位做出了很多意想不到的成绩，这与大家共同的努力是分不开的。(作者自拟)

"总的来讲""从总体上说"等总结类标记，还有一个作用是从大的方面、宏观的角度去陈述和评价，因此它们用在说话的开端，可以开启一个新话题。

## 二、话题结束标记

在言谈交际活动中，当话题快要结束的时候，通常也会有一些标记，提示话题即将结束。话题的结束，有时是说话人想要终止，有时是被另外的人打断。有时，说话人为了制止或劝止对方的言行，也会使用一些言语行为标记，以"得/好/行"＋"了"为主，比如"得""得了""得了吧""你得了""得啦""得嘞""好""好了""好啦""好吧""行了""行啦""那""一句话"等。

1. 得(得了、得了吧、你得了、得啦、得嘞)

这类标记用于说话人结束自己叙述的当前话题，或者说话人打断另外的人，以结束其叙述的当前话题。管志斌(2012)认为"得了"在经过语法化、词汇化后，演变为一个话语标记，也衍生出衔接话轮或切换话题的新功能。切换话题意味着结束旧的话题，引出新的话题。从这个意义上说，我们认为"得了"主要用于结束旧的话题。例如：

(260) 良心是不能敷衍的！<u>得</u>！我不愿再说了，你有什么事？(老舍《赵子曰》)

(261)"<u>得了</u>！您想过没有,我不会向您提供这一类材料的。也许,您看错了人吧！我没有什么可跟您说的,洛丽小姐。"(柯蒂斯·加兰《魔鬼三角与 UFO》)

(262)"姑娘倒是不少,可没什么叫人刮目相看的。"

"你还挺难弄。<u>得嘞</u>,哥儿们,别这儿打岔了。让一让,我们得上船了。"(王朔《一半是火焰一半是海水》)

例(260)是说话人有意结束当前自己所说的话题,因此使用"得";例(262)是说话人想要打断别人的说话,用"得嘞"以结束其当前的话题。除此之外,管志斌还提到"得了"具有主观性,通常可以表达说话人的建议、阻止、劝告或自我安慰等人际方面的功能。

2. 好(好了、好啦、好吧)

该类标记用以结束当前话题,也可用于打断别人所说的话题,王素改(2016)认为,作为话语标记,"好了"具有结束话轮和话题的作用;此外,还具有安慰劝说、责怨、打断对方、提示听话人注意等人际功能。例如：

(263)……<u>好</u>,我们就讲到这里打住吧。(叶蔚林《蓝蓝的木兰溪》)

(264)可能你不知道,我一生都在警惕着背叛——我看到、我经受的背叛太多了。生活有时简直是由背叛织成的！我在长夜独守的时刻,在轻声吟哦的时刻,心中常常涌动着那么多的憎恨与温情,泛起着无法推开的自谴……<u>好了</u>,这样会越说越远的。让我谈点别的吧。(张炜《柏慧》)

(265)<u>好啦</u>,今天说了这么多,大家都累了,快回去休息吧,我们散会。(日常会话)

(266)<u>好吧</u>,既然大家都累了,我们下次见面接着再说,大家各自回家吧！(日常会话)

由以上例句可以看出,说话人想要终止话题时会采用这类标记。

3. 行了(行啦)

该类标记常常用于结束一个话题。王素改(2016)对比了"好了"与"行了",认为它们所反映的说话人和听话人的关系不同："好了"所在句,说话人与听话人的关系比较对等；"行了"所在句则双方地位不平等居多。此外,在说话人的语气语调方面也有些差别。例如：

(267)你这个人太不像话啦！我要偷你吗？我要抢你吗？为病人服务的事,又不是专利,有什么不可说？<u>行了</u>,你走吧,快到你的法兰克福或是外国的其他什么地方去吧。(毕淑敏《预约死亡》)

(268)<u>行啦</u>,天色不早了,你快点回家去吧,下次再说。(日常会话)

有时是说话人被别人的言语行为打断，被迫终止了话题。从这个角度上说，这些标记具有制止或劝止别人的言语或行为的功能，如以上例句所示。

4. 那

"那"除了开启一个话题，还常常用于结束一个话题。以下例句都是我们生活里自然会话或电话交谈中常见的。例如：

(269) 那明天见。

(270) 那我先挂了。

(271) 那你早点休息，晚安！

(272) 那我觉得说到这儿呢，我们的节目也接近尾声了。

由以上例句可以看出，"那"常常用于结束会话或交谈，结束当前话题。

话题结束标记，有些可以重叠使用，有些可以与其他话题结束标记联合使用。例如：

(273) "很高兴见到你们。希望你们能喜欢我，在各个方面爱护我，待我像一家人朋友兄弟姐妹亲戚同事……"

"好了好了。"孙小姐打断她，"联想式的，不打断她，她能不停地说下去。"（王朔《谁比谁傻多少？》）

(274) 刘：这里的区别可大了啊。一般的老百姓看看电视还行，有几个去得起那卡拉OK？

牛：咳！去得起，你就去吗？

陈：行了，行了，别争了。（电视剧《编辑部的故事》）

(275) 好，那好吧，今天大家都累了，明天再说。（日常会话）

例(273)和例(274)是标记重叠使用，功能仍是结束当前话题；例(275)则是"好"与"那""好吧"联合使用，用来结束当前话题。

5. 语义总结功能＋话题结束标记

语义总结类标记出现在话题快要结束时，用以总结前文的语义，然后结束该话题。例如：

(276) 他在权力、金钱、人情面前敢于"唱黑脸"。在日常工作中，他做到"四个一样"，即对上级和下级一个样，对干部和战士一个样，对同乡和异乡一个样，对家人和外人一个样。一句话，按原则办事，不徇私情。（李健《咱们的"铁财神"》）

例句中的"一句话"在总结前文语义的同时将这一话题顺利结束。

## 三、话题转换标记

以往在研究话题时,常常从以下几个角度去研究,它们是考察了话题在篇章中的存在状态而得出的,通常包括话题引入(initiated)、话题延续(maintained)、话题转换(shifted)、话题重新引入(reintroduced)和话题终止(inhibited)等。[①] 李秉震(2010)认为对话题进行讨论时常常切入的这几个角度并不处在同一个层次上。特别是话题转换和话题的重新引入,前者的侧重点在于篇章中不同话题之间的关系,而后者是特殊原因的促使下产生的现象。我们同意他的这种说法。话题转换的主要侧重点在于前后话题的改变;而重新引入话题,虽然也会使得话题发生变化,但侧重点在于之前在谈论话题 A,中间插入了别的话题,话题在发生变化后,又重新回到话题 A,这时话题 A 的回归就是话题的重新引入。这部分我们主要关注话题转换标记,关于话题的重新引入,我们下个部分再谈。

话题转换与开启新话题有某些相似之处,话题转换也是开启新话题,只不过,开启新话题时,我们更强调从无到有,而话题转换则是把重心放在言语行为标记是如何从原有话题"转换"到新话题的。

可以提示话题转换的标记有"不说""且不说""先不说""哎呀""哎哟""对了""别提了""那""那么""还有""再有""行了""行啦"等。

1. 不说(且不说、先不说)

含有让步语义的"不说""且不说""先不说"用在前一分句,作为让步和铺垫,后面的分句则转换到别的话题。例如:

(277) 谭凌霄的住宅盖成了。<u>不说</u>他这所住宅有多大,单说房前的庭院:有一架葡萄、一丛竹子、几块太湖石,还修了一座阶梯式的花台,放得下百多盆菊花。(汪曾祺《皮凤三楦房子》)

(278) <u>且不说</u>晋阳保卫战。再说京城里,一场政治斗争正在进行中……(冯向光《三晋春秋》)

(279) <u>先不说</u>这场官司结果如何,这里首先要说说赵厂长的起诉要求中提到的要求"按《票据法》的规定判令被告给付发票"的问题。(《北京日报》2001 年 5 月 2 日)

例(277)中"不说"之后的"住宅有多大"只是略提一笔,话题由此转换到"房

---

[①] 参见 Keenan and Schieffelin(1976)、曹逢甫(1995)、屈承熹(1998)、Kellermann and Palomares(2004)。

前的庭院";例(278)中,话题由"晋阳保卫战"转到了京城里的政治斗争;例(279)中"先不说"引出的分句作为让步,话题转向后一分句提到的问题。

2. 哎呀（哎哟）

这类标记传统意义上被划为感叹词,常常用于突然记起某事的情况,只不过使用中,它们往往先引出一个分句作为铺垫,后文则是记起的事情,也即转到的话题。例如:

(280) 他用手朝那包东西一摸,噢,原来是聂小轩交给他的那副包金镯子。"哎呀,净顾为自己的事悲苦,倒把聂师傅托的事忘了个一干二净。"（邓友梅《烟壶》）

"哎呀"引出的分句"为自己的事悲苦"只是作为铺垫,话题由此转入后文的"聂师傅托的事"。

3. 对了

前文在叙述一件事情或一个话题,"对了"可以插入一个突然想到的情况,由此改变话题,开启新的话题。例如:

(281) "说吧说吧,你该享受享受了。"大家七嘴八舌地说,"对了,我们还不知道你的人生梦想是什么呢。当大使? 当表演艺术家?"（王朔《你不是一个俗人》）

(282) A: 毕业十多年了,你怎么都没变呀?

B: 怎么没变,我老多了,孩子都上幼儿园了。对了,小李怎么没来,你见过他吗?（日常会话）

例(281)中,前文在谈论别的事情,从"对了"开始则转入一个新的话题"人生梦想";例(282)中由"对了"插进新的话题,话题则由谈论近况转到了他们共同认识的人"小李"身上。

4. 别提了

由于对方所询问之事的进展或结果不太好,说话人不便说或不想说,因此使用"别提了"将话题引向别处,从而实现话题的转换。例如:

(283) A: 你谈男朋友了吧,跟对象处得咋样?

B: 唉,别提了,你父母身体都还好吧?（日常会话）

以上例句中说话人 B 因恋爱的结果不太如意而不愿多说,转而把话题引入了询问父母健康状况的方面。

有研究将"别提了"归入人际功能标记,认为它的功能主要是回应对方的询问,我们不否认这一点,我们认为这是它兼有几个功能的体现。除此之外,"别提了"还有其他功能。侯瑞芬(2009)认为"别提了"不是像字面意义显示的那样阻止对方说话,相反,它会将对方的话题继续说下去。比如:

(284) A:你的论文写得怎么样了?

B:别提了,这几天一直都在写,从早写到晚,过两天应该能交稿了。(作者自拟)

以上例句中,说话人 A 询问论文的写作进展,B 用"别提了"引出对这件事的感慨之情,然后并没有真的不提这个话题,而是顺着这个话题回答了 A。

5. 那、那么

通常是由"那""那么"引出一个问句,从而把原来的话题引向新的话题。例如:

(285) "会玩牌吗?咱俩玩牌吧?"于观提议。

"没劲。"汉子摇摇头。

"那下象棋?"

"更没劲。"

"去公园?划船?看电影?"

"越说越没劲。"汉子来了气,"你也就是这些俗套儿。"(王朔《顽主》)

(286) 自凤凰古城上月宣布收费以来,公众对于古城收费的关注远远超出了古城本身。那么,目前国内古城镇存在哪些收费模式?这些模式是否获得了群众的认可?记者实地调查江苏周庄古镇、山西平遥古城、安徽徽州古城与云南丽江古城等,探寻古城镇收费的得与失。(《人民日报》2013 年 5 月 1 日)

由以上两例可以看出,谈话是在一个大话题下涉及几个相关的小话题,由"那"和"那么"在其中起到承上启下的作用,由一个小话题过渡到另一个小话题,以使整个语篇连贯。

6. 还有

由"还有"引出突然想到的另一个话题,提起另一件事,以改变话题。例如:

(287) 牛:姜还得说是老的辣。啊,我还想问问,你们这台晚会的曲目都定了没有?演什么?

江:这您放心!全都健康有益。大灰狼、猪八戒之类的,就不让它开口,就闹个满厂飞,张嘴的全是阿童木、一休、唐老鸭之类的。

何:还有一些小英雄、卖报的、划船的、听妈妈讲故事的,还有那放牛的王二小。

江:在这点上,我们比你们还慎重。孩子们跟什么人学什么样儿。这从小儿

119

啊,就得让他知道个好、坏、美、丑。

李:对了。

何:还有,您是负责人?

牛:啊。

李:对,她是我们负责的牛大姐。(电视剧《编辑部的故事》)

上例中,原本谈论的话题是晚会节目的编排问题,用"还有"改变了原来的话题,提起另一件事,即晚会的负责人,由此引起了话题的转换。

7. 再有

"再有"可以表示说话的顺序;除此之外,在说话中还可以改变话题,提起新话题,有追问之意。例如:

(288)记者:今日集团表示过什么抗议吗?

赵瑜:到现在为止,今日集团和他们的北京代表还没有提出任何抗议,可是,几乎所有的记者都在提出这一个问题,我感到很奇怪,我写今日集团,那个是表扬稿呀。

记者:再有,从你披露的王军霞日记看,从研讨会上披露的王军霞的来信看,她的文化水平、写作水平确实很高,这是真的吗?我感觉那些日记和书信中有些词汇的使用,不像是长期在田径场上拼搏的运动员写的。(赵瑜《马家军调查》)

本例中,"再有"之前,他们的讨论围绕"抗议"展开,而由"再有"开始,记者改变了话题,提出了另一件事,即关于日记,对被采访人进行了追问。

8. 行了(行啦)

"行了"在结束前一个话题的同时,开启了一个新的话题。例如:

(289)你们孩子也动手了,还用了家伙,这性质就变了,成了斗殴了。你们孩子也真傻,拿这么个破玩意儿管什么用?真想跟这种人干,起码也得使刮刀。行了,老马——你是姓马吧——你也别难过,这帮坏小子只要还这么下去,早晚有一天跑不了,我们都拿眼珠儿盯着他们呢。(王朔《我是你爸爸》)

例句中,"行了"之前是讨论打架动手的问题,"行了"突然将话题转向确认听话人的姓氏,同时结束了之前的话题,这一标记的身兼多功能性在此得到体现。

## 四、话题找回标记

话题找回是话题重新引入的另一种表达,我们认为"找回"这个词的表意更加具象化。话题找回在会话过程中普遍存在,这与话题本身的延续性密切相关。说话人开始说话,发起一个新的话题,其后所述内容会围绕这个话题展开,并且这个话题可能并不是只出现一次,而会在之后的交谈中多次出现,前人把话题的这种特性归结为延续性。Givón(1983)专门针对这一问题进行研究,而后他发现,这一现象是普遍存在的,只不过在不同的情境下表现的强弱程度不同。说话人为了组织语篇而延续话题,出于这种需要,话题找回标记才表现出这种特点,因此,可以将它看作话题的内在属性。正因如此,在说话人试图延续话题,对话题进行找回时,会使用一些话题找回标记进行辅助。

话题找回标记一般用于以下情况:本来说话人谈论的是话题 A,交谈过程中,话题发生了改变,之后,说话人用一个标记性的行为,重新回到话题 A,其中的言说话题"找回"标记就表明了话题是经过"走失"的,也提示了接下来将回到原来的话题。这类标记有"扯远了""别扯远了""所以""所以呀""所以嘛""所以说""所以呢"等。

1. 扯远了、别扯远了

这类标记将已偏离中心的讨论重新拉回到原来的中心讨论,是典型的话题找回标记。例如:

(290)……

瞧,<u>扯远了</u>,我们还是来说石大爷吧。(刘心武《如意》)

(291)……

好,<u>别扯远了</u>,咱再接前面说吧。(张贤亮《肖尔布拉克》)

例(290)中,可以看出原本是围绕石大爷而讨论的,偏离主题后,通过该标记,把话题重新引回"石大爷"身上;例(291)中"别扯远了"也是同样的功能,它与"扯远了"相比,虽然在语言形式上正好相反,但是在功能上别无二致。

以上两例是最为明显的话题找回的方式。除了用"(别)扯远了"对话题进行找回,还可以用"所以"类的标记。

2. 所以(所以呀、所以嘛、所以说、所以呢)

"所以"类的言语行为标记也是多功能的,除了上文说到的可以填充语义而使得上下文得以顺承和连贯外,还具有找回话题的功能。例如:

(292)梁文道:……你知道有一个经济学家啊,他说政府是什么呢?

主持人:噢噢噢。

梁文道：政府是这样。就是你假设有这么一帮强盗，当然这是一个经济学的假设啊。有一帮强盗，到了一个地方，哎这地方不错。兄弟们，上。锵锵锵都拔光，这个强盗，他有什么理由要把东西还留下来一点点给当地老百姓呢？就是一个，就是为了明年还能再来抢。所以强盗打劫一个村庄啊不会全抢光，对，我得留——

主持人：对对对对对，这叫盗亦有道嘛。

梁文道：留点东西，你还得种庄稼，明年我还来。那么后来他这地方真不错，我就住下来了。这住下来以前，我是抢，我现在不抢，我现在抽税，征税。就是这样子的一个假设。<u>所以呢</u>，一个很贪污、很腐败的这么一个地方的这么一个机构啊，黑腐的机构，什么机构也好，它不可能黑过头的。(《锵锵三人行》2007年6月28日）

在例（292）中，梁文道开始想讲的是关于政府的贪腐问题，中间做了一个很长的假设和类比，到了最后用"所以呢"将话题拉回到要讨论的主题，使听话人能够更好地理解他讲话的主题。

# 第六节　小　　结

本章从构拟的体系出发，进一步细化、丰富了言语行为标记的分类体系。

本书完整的构拟体系如图4-1所示（虚线框出的部分为本章内容）。

我们从具体语料出发，详细考察了一个个标记的核心功能，对每个标记的具体语篇功能做了进一步细分，并对它们进行重新分类与归类。

通过考察我们发现，在语义连贯的大类功能下，又可细分为五个子功能，分别是语义逻辑关系标记、语义阐释标记、时间顺序标记、语义填充标记以及话题连贯标记。我们依据这些功能，将言语行为标记做了第二次分类，在每个类别中又进一步分析。

比如，在语义逻辑关系标记下，根据衔接不同的上下文语义关系，又可细分为（但不限于）以下八种：原因、让步、条件、结果、结论、转折、目的、选择。它们突出前言与后语之前的逻辑关系，承上启下，加强上下文之间的逻辑关联，使语篇更连贯、统一。

又如，很多言语行为标记可以表示语义阐释，但实现的方式各不相同。语义

```
                            ┌─→ 语义逻辑关系标记
                            │
                            ├─→ 语义阐释标记
              ┌─ 语义连贯：  │
              │  言语行为    ├─→ 时间顺序标记
语篇          │  语义连贯标记 │
支         ┌──┤             ├─→ 语义填充标记
持         │  │              │
性         │  └─            └─→ 话题连贯标记
言 ────────┤
语         │                ┌─→ 言谈起始标记
行         │                │
为         └─ 动作连贯：    ├─→ 言谈持续标记
标            言语行为动作   │
记            连贯标记       └─→ 言谈结束标记
```

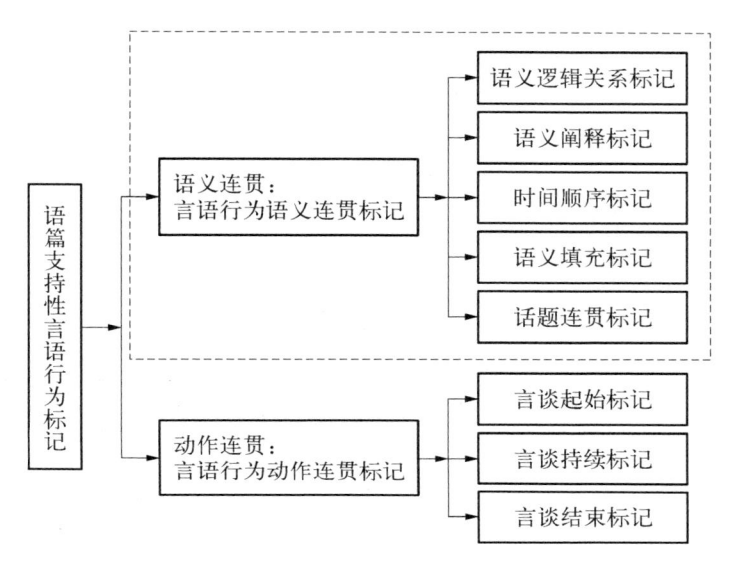

**图 4-1 语篇支持性言语行为标记分类系统构拟**

的阐释可以通过举具体事例、假设、比喻、换用别的方式重新解释、补充追加新信息、以概括总结性的话语进行评价式阐释、突出重点来总结等。以此为基础，又可进一步细分，由此分出语义具象化标记、语义重释标记、语义补充追加标记和语义总结标记四个次类。

在每个次类的内部，我们逐一分析言语行为标记个体，分析后又把具有相同特性的标记归为一类。例如，在语义具象化标记这一次类中，我们按照语义具象化的方式，把其下所包含的七个条目归为既能举例子又能打比方的标记、举例子标记和打比方标记三个小类；在语义重释标记这一次类中，我们通过归类得到了以不同角度重释语义的标记和以不同方式重释语义的标记两个小类；在语义总结标记这一次类中，我们通过归类得到了概括式、总评式和点要式三个小类。

本章的第三节讨论了时间顺序标记和它们的分类情况；第四节讨论了语义填充标记，按照功能的不同将其分为占位标记和顺接标记两类；第五节则就言语行为标记在话题的连贯中所起到的作用分为话题的开始、结束、转换、找回四个方面去进行讨论。

由此，本章对拟构建体系做了进一步的拓展、丰富和充实，结果如图 4-2 所示。

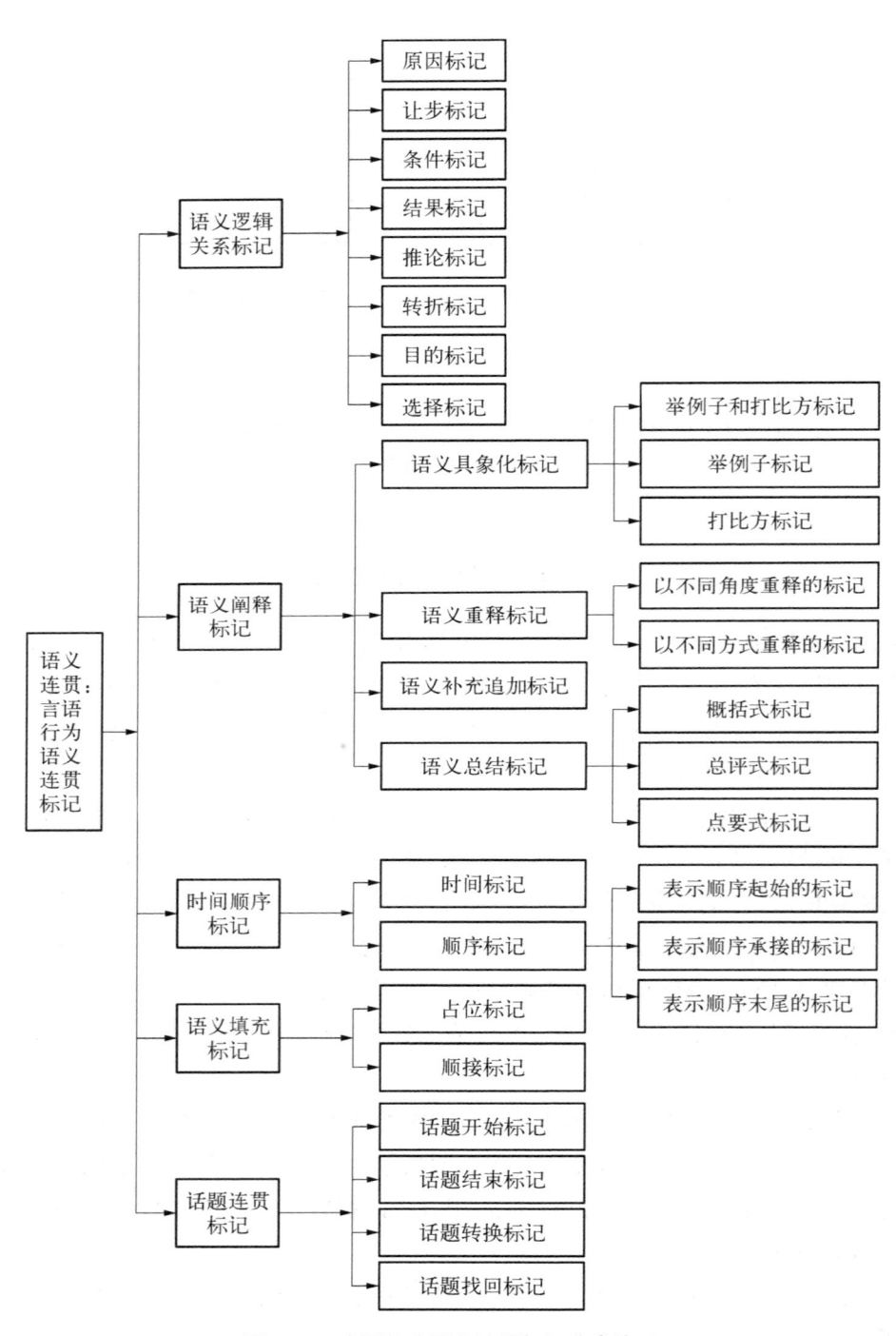

图 4-2 言语行为语义连贯标记分类体系

由此，我们详细考察了言语行为语义连贯标记具体的语篇功能，并在此基础上进一步细化、丰富了基于三大功能的言语行为标记的分类体系。

同时，我们发现，言语行为标记具有多功能性。每个标记可以兼具不同的功能，在不同的语境中发挥不同的功能。如举例标记，在谈话中也可以用于引入新话题，表占位、话语顺接的填充标记（如"那""那么""那个"）还兼具话题转换的功能等。得出不同的结论，取决于从哪个视角出发去看待和分析问题，也取决于从哪个语境出发去分析。

通过本章的研究，我们切实地细化、丰富了言语行为标记的分类体系。

# 第五章

## 动作连贯：言语行为动作连贯标记

语篇衔接与连贯功能是个很广泛的概念，上一章我们从静态的语篇"所说"的角度，对言语行为标记的语篇功能进行了分类和分析，本章我们从动态的语篇"说"的层面来对言语行为动作连贯标记进行分类和分析。

从静态的角度，语篇可以看作由若干语段、句群和句子相衔接，围绕一定话题展开的连贯话语的整体结构。从另一个角度来看，语篇是"说"出来的。"说"的这个行为一直持续着，言说的开始代表着语篇的开始，言说的结束意味着语篇的结束。会话语篇，因为有明显可见的参与者，所以"言说"的意味比较明显，独白语篇也可看作有一个"说话人"一直在言说，只不过这个说话人不是显性的，类似于话剧中的"话外音"或"旁白"。

上一章我们从静态语篇的角度讨论了语义内容的连贯，言语行为标记是如何发挥作用的：言语行为支持性标记可以通过表达语义逻辑关系和时间顺序关系，通过阐释语义、填充空白等方式，对语义连贯做出支持，也可以通过标记话题的开始、转换、找回、结束来将话题表述的语义内容衔接连贯为一个完整的语篇。

本章，我们把研究视角转向动态语篇的形成过程。在整个言语活动中，"说"的行为是由始至终一以贯之的。随着言说过程的开始、持续、结束，语篇也表现出结构上的起承转合。这种结构变化与言语活动的进程具有一致性。从动作层面对言语行为标记进行考察而得到的分类与从语义层面考察而得到的分类不是互补的，而是平行的，是从不同角度对同一事物的考察和分析。

以往很多研究对言语行为标记进行分类的时候，从言谈组织功能出发，往往是基于会话语篇的讨论，会话语篇是以两人或两人以上的交谈、对话为主体的语篇，至少存在交谈的双方。对会话语篇的分析，常见的是以话轮的开始、保持、变化、结束为标准进行的分类。

话轮（turn）这一概念由美国社会学家哈维·萨克斯（Harvey Sacks）等人提出。他们经过研究发现，人们日常交际以对话形式为主，而其重要特点就在于对话过程是交际双方依次轮番说话(turn-taking)。如果交际双方 A 和 B 各说一句话,那么 A 说话时,B 是听话的人,B 说话时,A 是听话的人。这两句话之间在时间上没有间隙地先后相接,内容上相互关联,每句话即构成此次交际对话中的一个话轮。李悦娥和范宏雅(2002)认为,话轮是在对话的过程中,说话人可以以任意时间为长度连续说的话,如果说话人与听话人的角色发生互换,或者说话人以沉默等方式结束了说话的过程,话轮就结束。

刘虹在《会话结构分析》中提出了判定是否为一个话轮的两个标准:第一,可以通过说话人是否连续说话来判定,即说话人是否在语法或语义或语用的层面发生了沉默。没有沉默为一个话轮,如果发生沉默,则有多个话轮存在。第二,可以通过说话人和听话人的角色是否互换来判定。如果角色互换了,则表示原话轮的结束和新话轮的开始。

在交际对话中,说话人 A 先说出一段话语,说话人 B 对此进行回应,A 与 B 就构成一个完整的对话,每次对话至少包括两个话轮。其中,A 为"始动话轮",B 为"继动话轮"。如果会话是由多个话轮组成,那么继动话轮也可能作为开始一个新话题的始动话轮。话轮的长短不限,可以短至一个词,也可以是句子甚至语篇。一个话轮结束,另一个话轮开始,即话轮转换。

目前关于话轮及话轮转换的研究已有很多。施仁娟(2014)对话轮内和跨话轮的话语标记进行了总结和归纳,并对其与话题的关系进行了研究。于海飞(2006)专门针对话轮转换中的话语标记进行了研究,运用话轮转换理论,从功能、频率、位置等不同角度研究了话轮获得、话轮保持、话轮放弃中的话语标记。

很多学者注意到了话语标记的话轮功能,并对其进行了详细分析。李宗江和王慧兰(2011)认为语篇关联语具有"谋篇功能"和"话轮功能",前者包括语篇起始["这样啊""这个""(我)说什么呢""说几句"]、语篇过渡(如"接下来""接着上面""下面讲""说到哪了")和语篇结束(如"到这吧""完了""好了""行了""怎么样")等;后者分为话轮获得(转接)(如"那什么""那啥""可是""不过""而且")、话轮保持(如"那""那个""那么""这个""是啊""就是说""然后""回头")和话轮转交(如"好吧""你看呢""知道不""你说呢""哈""听见没""是吧")等。在他们的分类中,"谋篇功能"更像是针对独白语篇,而"话轮功能"更多像是针对会话语篇。其中具有"话轮转交"功能的那部分标记,更多的是寻求他人的回应或认同。例如:

①"听说做生意的人很多,都能赚钱?"

"哪有只赚不赔的生意?有时候赔得精光,裤儿都要脱下来卖了。话又说回来,赚是多数,要不哪个吃饱了没得事干肯出来遭罪?<u>你说呢</u>?"(张勤《旅途匆匆》)

② 别什么事都扯到人家方雨林头上去,你们的情报也太差劲了。周老师有妻子,还有个十二三岁的孩子,<u>知道不</u>?你们说你们这是在干吗呀?!(陆天明《大雪无痕》)

例①中的"你说呢"是说话人在陈述了自己的意见后,向听话的人寻求回应,征询听话的人的看法;例②中说话人用"知道不"提醒听话的人注意,同时含有埋怨的情绪。我们认为这类标记更多体现了其人际互动功能而非语篇功能。

王蕊(2013)也在语篇支持功能下认为言语行为标记具有"谋篇功能"和"话轮功能"。她所指的谋篇功能更多地从静态语篇的角度分析,将反映语篇起始、过渡衔接、结束的言语行为标记语归入此类,分为语篇起始标记、语篇衔接标记和语篇总结、结束标记。她所指的话轮功能更多地针对会话语篇展开分析,把标识话轮获得(转接)、保持、转交的言语行为标记语归入此类,分为话轮起始、话轮保持接续、话轮交付三个次类。其中,话轮交付类下的具体标记有"你说呢""您说呢""你别说""你就说"等。我们考察该文中的具体用例,发现这些标记主要表达了"征求对方意见""提醒听话的人注意"的功能。我们认为,这些功能更多地属于人际互动功能,而非语篇功能。

除了前人分析较多的会话语篇,独白语篇中动作连贯的情况如何呢?是否有必要将独白语篇和会话语篇分别加以考察?两类语篇能否统一起来以同一个标准去考察?我们带着这样的问题开始思考如何分类。

我们尝试对独白语篇和会话语篇中的言说过程进行一番考察后发现,两类语篇的主要区别在于,独白语篇言说主体是单一的,长短各异,由一系列连续的句子构成;会话语篇中则存在多个言说主体(至少大于一)轮番说话。

如果统一用"话轮"的思路去考察它们,则独白语篇中"话轮交付""话轮转换"等现象是不存在的。但是如果从言说过程的角度去看,即把两种语篇都从动作"说"的开始到"说"的结束这一过程加以考察,就会发现,两者有很多共同之处。我们认为,从言说动态的角度,独白具有言说起始、过渡和结束三个阶段。这三个阶段不仅与言语行为过程相一致,而且比较能够直观、简明地反映语篇结构。

会话语篇,由上述可知,话轮交付标记或是询问听话的人的意见,或是向听话的人确认某些想法,更多地体现言语行为标记的人际互动功能,而非语篇功能,而我们主要从语篇功能来看,从言说动态过程的角度去考察。如果不考虑"话轮转交"(话轮交付)这一类别,会话语篇就可以分为话轮获得、话轮保持、会话结束三个阶段来讨论。

由此，我们发现，独白语篇（言说）和会话语篇（谈话），如果从言说动态过程的角度去考察，都可以分为"说"的开始、"说"的持续、"说"的结束三个阶段，因此，我们把两种类型的语篇统一起来看待，分为言谈起始标记、言谈持续标记和言谈结束标记三类。

## 第一节　言谈起始标记

无论是独白语篇还是会话语篇，在"说"的过程中的动作连贯标记，如上文所说，都可以分为起始、持续、结束三个部分，我们依次进行讨论。

本节主要分析言谈起始标记。作为开始说话的提示，这类言语行为标记一般出现在说话伊始，提示言说的开始。独白语篇的开始，通常是说话人自发开始说话，而会话语篇中情况略有不同，说话人开始说话意味着"始发话轮"或"话轮获得"，可能是说话人自发开始，也可能是在谈话过程中从别人那里抢过话头，或接过别人的话头开始说话。由此，我们将言谈起始标记分为两类：一类是说话人自发开始说话，如"要说""要讲""要论""谈起""讲起""讲到""说起来""话说""这个""说几句（话）""对了"等；另一类是接过话头开始说话，如"对了""啊""嗯""而且""但是""但""不过""可是""可是呢"等。

### 一、原发起始标记

说话人自发开始说话，通常是发表一番意见或看法，或针对某个内容开始一个话题，或在对话中开始说话而开启一个新的话轮，无论哪种情况，都代表着言说活动的开始，说话人通常会使用一些言语行为标记来提示说话开始，如"要说""要讲""要论""谈起""讲起""讲到""说起来""话说""这个""说几句""说几句话""说两句""对了"等。

1. 要说（要讲、要论）

这类标记通常引出一个话题（从语义内容的角度），同时标记一个语篇的开始，将语篇看作动态的过程，也意味着言说的开始，它们常常位于语篇之首。例如：

（293）<u>要说</u>大点儿的馆子，那就有东来顺的爆、烤、涮，砂锅居的一百零八样，同和居的大豆腐，厚德福的糖醋瓦块鱼……各有所专，各有所长，谁都比不了。（相声《上饭馆》）

(294) **要讲**路长的脾气,早该发火了,但是他见那女孩实在长得可爱,体内便升腾起一团欲火,将那脾气压下去了。这会儿听说她就是胡利尤拉,心里说:果真名不虚传,她那小脸上脂粉不搽,弯眉不描,红唇不染,那副"清水出芙蓉,天然去雕饰"的风韵,足以令人魂不守舍了。(李文澄《努尔哈赤》)

(295) **要论**忠实可靠,当然莫过于他的儿子蒋经国。但是,蒋介石此时却不便一下子把儿子摆在太显眼的位子上。蒋介石选中了陈诚。(朱小平《蒋氏家族全传》)

例(293)中,"要说"引出谈论的对象"大点儿的馆子",由此开始了与之相关的一整段完整语篇;例(294)和例(295)也是如此。

2. 谈起(讲起、讲到)

"谈起""讲起""讲到"等常位于语篇之首(说话的开端),具有开始话题的功能。在说话人自发开始讲话时,开启一个新的话题,这一过程通常与开启新的话轮一致。不过,话题与话轮的关系比较复杂,有时新的话题与说话人自发开始讲话的始发话轮是一致的,有时也可以由继发话轮来开始新话题。例如:

(296) 苏乃义笑道:"**谈起**打猎来,真叫人发笑呢?"
林喇梅接口说道:"**讲起**他打猎来,弓马的本领真了不得,他还救俺妹妹的性命呢!"(李文澄《努尔哈赤》)

例(296)中先是苏乃义开启话轮(为始发话轮),开始说话,然后林喇梅顺着话题接过了话头(为继发话轮),以"讲起"开始讲话。在对话中,继发话轮可以开启一个新的话题,此例中便是如此。

很多自发起始标记在提示开始讲话的同时标志着话轮的开始和话题的开始。例如:

(297) 汤:刚才**讲到**您的作品《北京法源寺》,您能否跟听众朋友分享一下您在《北京法源寺》体现什么样的精神和情操?
李:……(《李敖对话录》)

例(297)的话语权在说话人手中,说话人自发开始讲话,开启一个话轮(始发话轮),也开启一个话题。

3. 说起来

与"说起来"类似的变体还有"说起""说来""说起来了"等,在谈到话题开始标记时曾谈到过它们,它们用于语篇之首,在开始一个话题时也标记着言谈的起始。例如:

130

(298) <u>说起来</u>,审计这个行业的一大乐趣,就是能够去不同的企业,了解不同企业的经营情况。(孙含晖等《让数字说话:审计,就这么简单》)

(299) "<u>说起来</u>也有意思,我对中国文物的偏爱,不少与洋人的'刺激'有关。"二十多年前,靠白手拼搏在经济方面已崭露头角的徐展堂,在参观荷兰一家瓷厂时受到第一次"刺激":他问厂方人员,为什么瓷器和中国都被称为"CHINA",人家回答说,因为瓷器的生产源于中国,欧洲是通过瓷器认识中国的,而且至今还是中国的瓷器最好。(《人民日报》海外版2000年5月11日)

它们都是位于语篇首位,标记着言说的开始。

4. 话说

当说话人准备说出一段话语时,该标记在说话伊始便会出现,由此引出一段完整的语篇。例如:

(300) <u>话说</u>一位审计师在审计客户的时候,与客户的销售部经理聊天。销售部经理说:"我们做销售的,工作很有意思,天天和不同的人打交道。你们做审计的,工作一定很枯燥吧?"这位审计师说:"不,我们的工作也很有意思。我们天天和不同的数字打交道。"(孙含晖等《让数字说话:审计,就这么简单》)

上述例句中,"话说"引出了一个完整的故事。

5. 这个

该标记标志着说话的开始,也即语篇的开始。例如:

(301) <u>这个</u>,时间也不早了,我来说两句。我们单位……(日常会话)

6. 说几句(话)、说两句

这类标记标志着言说的开始,即之后开启一段语篇。例如:

(302) 提起局里规定企业应该在每月和每季报送的经济活动分析报告书,我还想<u>说几句话</u>。局规定企业的季度经济活动分析报告书应在季末前五天报出,月度经济活动分析报告书应在月末后五天前报出。对于季度经济活动分析的内容,要求全面,既要包括生产、劳动,也要包括成本、财务和物资供应及商品销售的情况。(《人民日报》1956年12月25日)

(303) 这个,时间也不早了,我来<u>说两句</u>。我们单位……(日常会话)

例(302)和例(303)中由"说几句话""说两句"开启一段话语,形成一个语篇。

7. 对了

"对了"是一个多功能的标记,既可以在说话人自发说话时使用,也可以用来

抢过话头,开始说话。例如:

(304) 志国:上班走了啊。

和平:哎。

志国:哎,对了,你给我点儿钱,我昨天钱给圆圆买鞋了。(电视剧《我爱我家》)

(305) A:你一般周末在家都干吗呀?

B:我啊,随便弄弄,收拾家呀,弄一下花,还有做菜,洗……

A:对了,我上次看到你发的那个菜的照片,太诱人了吧!快教我。(日常会话)

例(304)中说话人自发开始讲话,启动话轮;例(305)中说话人 B 的讲述还在继续,但是 A 用"对了"抢夺话轮,获得说话机会而开始说话。

由以上例句可见,言说的起始之处常常会有标记,提示其开始,既作为言说动作的起点,又作为语篇语义的开端,参与构建完整的语篇。

## 二、继发起始标记

言谈的开始代表说话人开始说话,这种开始可能是由说话人自发开始,也可能是从别人那里抢过话头,或者是接过别人的话而开始说话。以下标记常常用于第二种情况,即说话人在对话过程中抢过别人的话头而开始说话,只用于会话语篇,独白语篇不存在这种情况,我们称之为继发起始标记,如"对了""啊""嗯""而且""但是""但""不过""可是""可是呢"等。

### 1. 对了

"对了"引出言谈的开始,有多种情况,其中之一就是在说话的过程中,从对方那里抢过话头,从而开始说话。例如:

(306) A:你一般周末在家都干吗呀?

B:我啊,随便弄弄,收拾家呀,弄一下花,还有做菜,洗……

A:对了,我上次看到你发的那个菜的照片,太诱人了吧!快教我。(日常会话)

在这一对话过程中,B 的话还没有说完,本应是 B 的话轮,而这时 A 用"对了"抢过话头,开始自己的话轮。

### 2. 啊(嗯)

"啊""嗯"等标记词一般是用在说话的开始,由此开启话轮,通常是用于继动话轮之首,即前面有说话人 A 在说话,然后说话人 B 接过对方的话头开始说话。例如:

(307) A:你哪天有课?

B：啊,周三上午。(日常会话)

这里的"啊"用于说话开始,是接过对方的话头而获得了话轮。熊子瑜和林茂灿(2004)对"啊"在话语交际过程中表现出不同功能时的韵律特征进行了研究。研究表明,话语标记词"啊"可以用在话轮起始位置,起到接管话轮的作用;其语音特征表现为失去了基本调子,与作为叹词的"啊"明显不同,失去了语音上的独立性,其语义上也不具有完整性,不能独立存在,之后必须与其他语言成分一同出现。他们的研究还表明,"啊"可以用在话轮内部、说话的中间,用于在思维不连贯或其他原因而需要停顿时的填充占位,这时"啊"表明话语还在继续,从而发挥了保持话轮的作用。

3. 而且

"而且"是一个多功能的言语行为标记,除了在说话中间话语不连贯时用作填充以承接上下文,还可以用在别人说话的时候抢过话头,获得话轮,以开始说话。例如:

(308) 王新生：(日本还)缺乏近代工业所有的原料和资源,那么它能够创造出世界的第二大——

梁文道：还有地震。

主持人：嗯。

王新生：经济体来,它这个民族有它的长处——

梁文道：而且我觉得印象比较,像拿现在中国跟它做一个比较的话,日本呢曾经有一段时间——

王新生：嗯。

梁文道：也就是它战后,它也做加工,也开始搞工业,就重新工业化的时候。

(《锵锵三人行》2007年8月3日)

以上例句中,说话人用"而且"抢过了话头,获得说话机会,同时引入了新的可讨论的内容。

4. 但(但是)

"但""但是"原本为表达语义转折关系的连接词,也有学者认为它们是反预期标记。经过进一步虚化后,"但是""但"不再表达逻辑语义关系,而具有了别的功能。方梅(2000)经统计后发现,自然口语中有 33.3% 的"但是"不再表达逻辑语义关系而只辅助话语单位的衔接,是一种话语标记,体现话题切换和话轮转接两个功能。曾君和陆方喆(2016)认为作为话语标记的"但是"具有话题顺接、话题找回、话题切换、话轮转接的功能。话轮转接,也即表示说话人开始说话,与我们的"继发起始"功能是一致的。

我们认为,"但""但是"可以用在谈话的中间,从别人那里抢过话头,以获得话轮,开始说话。例如:

(309) 主持人:所以那天文道就跟我感慨啊,说很多批评的人明显就没看过李林这本书嘛。

梁文道:对,看都没看——

许子东:但但但他这样一个词儿就引起了大家注意,这也是一个很好的销售策略。(《锵锵三人行》2007年6月28日)

(310) 主持人:都要做切实的研究功夫,才晓得它的过去如何,才能够知道它现在如何。知道它现在才能推测它将来的趋向是怎样的。他的意思是说呀,知己知彼,百战不殆。

王新生:嗯。

梁文道:对——但这个——

主持人:你哪怕是把它当敌手,恐怕你也需要了解它。

王新生:嗯。

梁文道:但是问题是这是1928年讲的,到今天好像还是很准确,为什么?

(《锵锵三人行》2007年8月3日)

例句(309)中,"但"重叠使用三次,在别人说话的中间抢过了话头,开始了新的话轮;例(310)中开始用"但"没有抢到说话机会,后来又用"但是"插入别人说话的中间,以获得说话的机会,开启话轮。

5. 不过

该标记在说话的中间,标志着获得话轮,开始讲话。例如:

(311) 主持人:你面向电视这种大众的,大家需要的是,其实就是需要说书,故事,少点这种复杂的,这种东西,你看它是完全两种不同的追求。

梁文道:对,常常是这样。

许子东:它,嗯,你说。

梁文道:不过我觉得,像你刚刚所说的这种国,大众的国学热啊,那么自解的你,有人就批评吗,比如说像上"百家讲坛"的那几个学者啊,比如教授都给人批评了,说你们庸俗化了,要么就李林那种就很惨,他明明那么俗,一点也不庸

134

俗,他明明是很认真地在写一本书。(《锵锵三人行》2007年6月28日)

以上例句中,说话人用"不过"从别人那里接过话头,开始讲话,从而获得话轮。

6. 可是(可是呢)

说话人用这一标记,在谈话中间抢夺话轮,以获得说话权。例如:

(312) 李国修:……对对,他还小啊,然后呢,然后呢,儿子被吓哭了。妈妈说好,妹子啊,我们保护哥哥,不要跟爸爸讲,那妹子就说好啊,我们当然保护哥哥啊,那妈妈就说你下一次数学考好一点,儿子当然答应了。我当天到家六点半一开门,我女儿跑过来,爸爸哥哥数学考八分,马上就告状。
梁文道:太有义气了,真是。
主持人:然后爸爸说,比我当年高多了嘛。
李国修:可是呢,可是后来我拉着儿子我就说,我说我不会打你,不会骂你。你你你已经过世的爷爷你没看到过,他当初这样教我的,说你功课烂不重要,你将来进入社会不要学坏,不要当流氓就好,我把这句话再送给你。(《锵锵三人行》2007年5月23日)

以上例句中"可是"同"而且""但"等标记一样,用于谈话中间,可以争夺话语权,抢过话头,开启新的话轮。

## 第二节　言谈持续标记

在言说过程中,为了使说话过程更加顺畅,说话人往往要运用很多言语行为标记来帮助言说过程保持连贯。与此同时,这些言语行为标记用在语篇中,使语篇的上下文衔接更自然、流畅。在说话过程中,它们起到了保持话轮的作用。话轮保持,通常来讲,是指谈话人在同一话轮内部对话轮的保持。Sacks *et al.* (1974)认为保持话轮即当前说话者不选择下一个说话者而继续说话。

言谈持续标记的种类、数量都非常丰富,前文提到的语义逻辑关系标记、语义阐释标记、时间顺序标记、语义填充标记等分类中的相当一部分标记兼具这个方面的功能,此处只列举其中某些典型性的代表,如"然后""那么""那""那个""这个""那什么""那啥""你比如""比如说吧""这么说吧""换句话说""就是说""进一步说""再说""再说了""再就是""还有""接下来""下面""首先""其次""再有""退一步说""为的是""是这样的"等。

## 一、语义填充功能+言谈持续标记

前文在对言语行为标记从语义连贯的角度考察时,按照其功能的不同,分了很多小类。语义填充标记是从语义连贯的角度划分出来的。从动作连贯的角度来看,这些具有语义填充功能的标记,在话语连贯中占据空位或顺接上文,很大程度上保证了言说活动的顺利进行,使"说"的动作得以持续,在会话中有保持话轮的作用,如"然后""那么""那""那个""这个""那什么""那啥"等。

1. 然后

在言说过程中,为保证说得更顺畅,在思维停顿处少不了使用语义填充类标记来保证说话连贯。例如:

(313) 但愿考试系统不要跟上次那样吧,<u>然后</u>七七八八的多给点分吧。(BCC 语料库)

(314) 某女以炫耀她的厨艺为由,请我去她 homestay 家吃早饭。<u>然后……然后……</u>我一气之下……下午买了食材,给她做了个彩虹蛋糕。(BCC 语料库)

例(313)中的"然后"是承上启下,起到顺接作用;例(314)中的"然后"则是起到占位作用。

2. 那么

"那么"用在连续的说话中,可以很好地帮助说话人承上启下,顺接下文,把言说持续下去。例如:

(315) A:您能否分享一下您对这件事情的看法呢?

B:今天呢,日本是担心中国的崛起,<u>那么</u>日本现在在战略上不断地牵制中国,<u>那么</u>譬如说安倍,他亲自去游说欧盟不要解除对中国的武器禁运。(《时事辩论会》2007 年 3 月 28 日)

在例句中,说话人 B 围绕一个话题开始说话,用多个"那么"来保持话语的持续不断,也保持了话轮。

3. 那、那个、这个

说话人在开始说话后,为了保持话轮,使话语连贯、一直"说"下去,会使用很多语义占位类标记,以达到上述目的。例如:

(316) A:你昨天看见什么热闹了?

B:我说你们可没看见呀,<u>那,那</u>——后来好多人都围过来了,把那小子吓坏

了,以为都要揍他呢。(李宗江和王慧兰《汉语新虚词》)

(317) 他又说:"梁老师啊,我了解您是很那个,那个,那个有责任感的作家。这很好么!曲副书记常当着我的面儿表扬您这份儿作家的可贵的责任感么!不过您也别走火入魔,太来劲儿……"(梁晓声《尾巴》)

(318) A:您能否分享一下您对这件事情的看法呢?

B:今天呢,日本是担心中国的崛起,同时呢,跟欧盟,这个这个印度、澳大利亚联合起来来抵制中国,但这样一个抵制,你如何能够友好呢?(《时事辩论会》2007年3月28日)

由以上例句可以看出,占位类标记在言说过程中出现的频率非常高,恰好代表了日常会话最自然的状态;同时,它们经常会在句中被重复使用,以保持说话的持续。

4. 那什么(那啥)

"那什么""那啥"无实义,在句中用于停顿处,填补思维空白,以保持话轮。例如:

(319) 班长:你的手机是哪来的?

大周:对象给的,说是联络感情用。那啥,今儿托人捎回去。(电视剧《炊事班的故事》)

以上例句中,说话人在说话的过程中需要思考、组织语言的情况比较多见,他们都会自觉运用这类标记以保持说话的延续。可以看出,具有语义填充作用的标记很多同时具有话轮保持功能,它们在言谈过程中为保证言谈的持续性而发挥着作用。

## 二、语义重释功能+言谈持续标记

具有语义重释功能的言语行为标记,如"你比如""比如说吧""这么说吧""换句话说""就是说"等,从不同的角度以不同的方式对上文语义做出阐释和说明,从而开启下文,从言谈的动作来看,这样的重释很好地将言谈持续下去,也很好地保持了话轮。

1. 你比如(比如说吧)、这么说吧

"你比如"作为重释标记中的一种,通过举例子的形式,对前文具体阐释而承上启下,起到了很好的语篇过渡作用,保证了说话过程的连贯。例如:

(320)这穷人就最怕丧事和喜事儿,穷人穷人办不起,你比如这么说吧,先说喜事,这个,男方呢,得给女方放订,有小订有大订,小订比如说吧,男方订了这个女方的闺女了,啊,先拿出一个小订,就是一,一个东西吧,钱也好,洋钱也好,有时候儿叫银圆也好,大头儿,这是放小订,就是作为呀,好像是买东西订下这个闺女啦。(1982年北京话调查资料)

例(320)中,说话人综合运用了举例、重释、占位等多种多样的言语行为标记,使其言说表达过程连续,且形成了语义连贯、完整的语篇。

2. 换句话说、就是说

语义重释类标记对前文进行多角度的阐释和说明,使说话人可以将"说"延续下去,由此发挥保持话轮的功能。例如:

(321)在中国的家庭里母亲是绝对的。所以大家都听母亲的话,换句话说,丈夫与妻子是完全平等的。但妾就不同了。妾的地位处于妻子和女佣人之间。所以丈夫有时用下巴指使人,而妻子与他的地位是同等的。(冰心《我自己走过的路》)

(322)A:您能否分享一下您对这件事情的看法呢?

B:日本跟欧盟,这个这个印度、澳大利亚联合起来来抵制中国,但这样的一个抵制,你如何能够友好呢?就是说,在战略的这个联盟上,它现在是宁愿跟美国去联盟,美日的结盟,而来对付中国的崛起。(《时事辩论会》2007年3月28日)

例(322)中,说话人B开始说话后,在说话中间,以语义重释的方式,用"就是说"很好地将前文和后文联系起来,详细说明了自己的看法,同时将说话继续下去,保持了话轮。

## 三、语义补充功能+言谈持续标记

从语义连贯的角度去看,语义补充功能的标记对前文的语义进行了补充追加,从动作连贯的角度去看,这种语义的补充和追加在承接前文的基础上,延续了后面的话语,使得言谈动作过程得以持续下去。这里以"进一步说""再说""再说了""再就是""还有"为例进行说明。

1. 进一步说

"进一步说"承接上文,对语义进行补充的同时,很好地将言说过程延续下去,也使得语篇得以过渡。例如:

(323)只要人们仍然认为女性的主要工作便是养育小孩,女性便不会投身政治、科

第五章 动作连贯：言语行为动作连贯标记

技。进一步说，她们便不会怀疑男人的优越性。……我们几乎不可能告诉女性洗碗盘是她们的神圣任务，于是告诉她们养育孩子是她们的神圣任务。（李银河《女性主义》）

以上例句中，"进一步说"作为言谈持续标记，很好地承上启下，起到了过渡的作用，以保证语篇的动态连贯。

2. 再说（再说了）、再就是

这类标记从另一个角度，另一个方面，补充前文未尽之意，同时将言谈持续下去。例如：

（324）"妈，我们昨天刚打扫过，你也歇着吧！一起看。"

"我这不碍你事吧？"婆婆还抱歉地侧过半个身子，留点光给丽鹃。丽鹃坐着看电视。婆婆拿着块抹布在客厅里转圈儿。"电视我是不看的。又浪费电又伤眼，小孩子看了近视，老人看了白内障。再说了，一天时间就那么多，光坐那里啥也不干耗费时间，活儿谁干呀？"（六六《双面胶》）

（325）布鲁姆说，他和演员们都没有去过中国，更不熟悉中国农民，只阅读了一些介绍中国的书，因此，要把中国发生的事件重现于舞台，是很不容易的。再就是9位演员来自不同剧团，能否合作演好37个不同的角色，也是个问题，但实践证明这是可以办到的。（《人民日报》1983年3月19日）

例（324）中婆婆不看电视，她先是说了看电视的坏处，然后用"再说了"引出另外的原因，即耗费时间，将话轮保持了下去；例（325）中"再就是"也是如此，在补充说明的同时，将言说的动作持续下去。

3. 还有

"还有"对上文进行语义上的追加和补充，将没说完的话继续说下去，使说话人得以保持话轮。例如：

（326）阎洪：……台湾如果打起来，倒霉的就是日本。然后还有，还有就是，朝鲜那一块，搞起来受害的也是中日两国。中日两国在东南亚这一块，哪儿发生事儿，共同都是受害者——

江素惠：——你这样的讲法呢是站在你的思维来讲的。但事实上并不如此！

（《时事辩论会》2007年3月28日）

以上例句中，说话人运用语义补充类标记，对上文语义进行了补充和扩展，从而把握了说话的主动权，将话轮保持下去，将言谈持续下去。

## 四、提示时间顺序+言谈持续标记

具有提示时间顺序关系的言语行为标记,在语义连贯方面发挥作用的同时,在言谈过程中也常常为言谈的持续发挥作用。

徐盛桓(1991)指出说话人在说出成串话语时,须按照先后次序来组织语义连贯的语段。语篇是在有序的语言表达的基础上形成的,因此可以说,时间先后顺序是篇章中最基本的模式。金晓艳(2010)指出,篇章中的时间连接成分反映相关事件的时间先后关系,明示篇章中的时间顺序义。

在语篇产出的过程也即言谈过程中,依照顺序来讲话是保证说话连贯很好的方法,由此在言说过程中保证了说话的连贯性和有序性,是明显的语篇过渡衔接标记,也是言谈持续进行的标记,如"接下来""下面""首先""其次""再有"等。

### 1. 接下来、下面

这类标记,承接上文的顺序,引出下文要讲的内容,也使言说持续下去。例如:

(327)一般出版的地图,定价3元钱,单次印刷5万张,一个月就能卖光,企业要想在地图上加特殊标注,每个600元钱,小块广告另外收费。地图市场的利润,可谓丰厚,这也解释了盗版地图为何如此之多。<u>接下来</u>,33929工程进入最后冲刺阶段,杭州市的交通路线格局又将有新的变化,看来最新版的地图也马上不能完全适用了。(《都市快讯》2003年11月16日)

(328)不管怎么说,喝茶倒是能够延年益寿,减少动脉硬化,减少肿瘤,这是肯定的。<u>下面</u>讲健康第二大基石——适量运动。运动也是健康的要素。医学之父西波克拉底讲了一句话,传了二千四百年。他说:"阳光、空气、水和运动,生命和健康的源泉。"(洪昭光《怎样活到100岁》)

由以上例句可以看出,使用具有提示顺序功能的标记,不但使说话连贯,而且使讲话内容变得更加有条理、有逻辑。

### 2. 首先、其次、再有

具有提示时间顺序功能的标记,标记了说话的前后次序。在说话过程中,运用这类标记,不但可以使"说"的行为延续下去,而且可以使"说"的语义显得更连贯而有逻辑。很多时间顺序标记具有保持话轮的功能。例如:

(329)董宇辉的坚守和妥协,坚守的是家国情怀、初心和道义,妥协的是在消费者对多样化产品的美好期待和需求方面。<u>首先</u>,董宇辉一直在坚守给大家带来美的观感和充满温情"家"的购物体验。……<u>其次</u>,与辉同行发布视频无论从创

140

意还是画风，都给我们带来更多的惊喜；直播间的背景画面也越来越美，让人体验到的是舒适和美的享受。<u>再有</u>，董宇辉坚守过硬的产品质量和放心的售后服务。（赵见不凡《董宇辉的坚守和妥协》）

由以上例句可以看出，说话人运用时间顺序标记，很好地保持了话轮，也使得说话过程得以连贯。

## 五、提示语义逻辑+言谈持续标记

在言谈活动进行的过程中，根据说话人要表达的意图，需要用到各种提示语义逻辑关系的标记，以形成语义连贯的语篇。因此，提示语义逻辑的言语行为标记，在言谈过程中，帮助说话人承上启下、组织有逻辑性的言谈、保持话轮，使言谈持续下去。此处举一二例予以说明。

1. 退一步说

"退一步说"承接上文，从语义上来看表示让步语义，在提示上下文逻辑关联的同时，使说话延续下去。例如：

(330) 有十亿人口的农村如果普及了电话，我国的电信业就会稳排世界第一，其利润也是无与伦比的，何亏之有？<u>退一步说</u>，"农村电话一直处于亏损状态，全靠国家贴补维持"，足见贵局并没有损失一分钱。（《人民日报》1999年10月18日）

例句中为了阐述自己的观点，以让步的形式做了多角度的阐述，从言说的角度来看，这种阐述方式使说话行为持续下去。

2. 为的是

"为的是"从语义上看是提示上文的目的，从言谈的动态过程来看是使言说持续下去。例如：

(331) 他说现在正在做两件大事，一是已经创作了30首曲子，<u>为的是</u>9月在日坛公园开个万人音乐会，用特别有动感的音符震响人们的心扉，让大家和他一起跳舞一起歌唱，扫去一切不快，迎接朝气勃勃的明天。（《人民日报》2003年7月8日）

例句中"为的是"在语义上阐明目的的同时，也在行为上保持了言谈过程的延续。

3. 是这样的

"是这样的"从语义连贯的角度来看，主要用于提示原委，即表达上下文之间的原因关系。除此之外，从言谈组织的角度来看，孙青波和王琦(2017)认为它有话轮接续、抢占话轮、延续当前话轮等功能。我们认为，这与我们的功能类别"保持言谈持续"是一致的。"是这样的"在言语行为过程中，可以保持话轮，使说话持续下去。例如：

(332) 陈鲁豫：今天团队来了一部分，给我们介绍一下好吗？秀梅姐。

殷秀梅：对，这个坐着这几位呢有，比如说这位是海桃，她是演阿妈，这是演阿妈的。坐在旁边这一位呢，是演我的阿爸，是这样的，旁边这一位呢，是雪儿，我们剧里边的就是唯一的一个……《鲁豫有约》2012年6月8日）

例句(332)中，殷秀梅开始说话后用了很多言语行为标记来使言谈持续下去，如"这个""比如说""是这样的"等。在公开说话时说话人比较紧张，于是采用了多种类型的标记来调节说话的进程，争取到时间以组织话语。

以上例句中的言语行为标记很好地承上启下，使语篇完整、语义连贯、言说顺畅。在语篇动态构建的过程中，兼提示语义逻辑关系的这些标记也在言谈持续中发挥着作用，保证了言说的持续和顺畅。

## 第三节 言谈结束标记

此类言语行为标记主要用在言谈结尾处，给言说活动做一个总结，标记说话的结束和语篇的完结。语义总结类言语行为标记多具有此功能，从某种意义上说，它们既可以表示语义的结束，也在形式上结束了整个语篇。话题结束标记也多与此类重合，因为很多情况下话题的结束也代表着言说的结束。不过有时一个语篇可能包括多个话题，话题转换后，旧的话题结束了而语篇还在继续。常见的有"就这样吧""先这样""那先这样""先到这儿""先到这儿吧""那先到这吧""一句话""总的来说""好""好了""好吧""好啦""行""行了""行啦""回头再说""回头再说吧"等。

1. 就这样吧、先这样（那先这样）、先到这儿（先到这儿吧、那先到这儿）

当言说活动要结束的时候，通常伴随一些信号的出现。胡习之和高群(2015)提到一个完整的结尾通常由会话结束信号语、前置收尾语和收尾语三个部分组成，认为"就这样吧"可称为会话结束语。邵敬敏(2007)提到一些典型的前置收尾语,如"下次再聊""就谈到这里吧""有问题再电话联系"等。

这类结束标记常用祈使语气,也有少量的商量询问语气,是结束会话时使用频率很高的标记。例如:

(333) 小珠爷爷啪地一墩茶杯。哇,一个孩子被吓醒了,另外两个也睁开小眼呜哇地叫起来,得,今天的娱乐<u>先到这吧</u>。(张鲁镭《家有宝贝》)

(334) "我确实不清楚……"

"看看,一到了关键问题,你就不说了。这不好啊。呼国庆自己都交代了,你还不说,这对你没好处哇。"

"我不清楚。"

"<u>那好</u>,你再考虑考虑。今天就<u>先到这儿吧</u>……"(李佩甫《羊的门》)

(335) A:你注意身体,多保重,有空来家里玩吧。

B:行啊,你也是。<u>好,那先这样</u>,咱们回头联系!(日常会话)

这类标记也常与"那""好""行"等一同使用,以结束言谈。例(334)中说话人得不到想要的答案,无奈之下结束了会话。

2. 一句话、总的来说(总的说来、总的来讲)

具有语义总结功能的标记在总结上文语义的同时有结束本次说话的功能。例如:

(336) 未来企业的竞争,实际上是企业家素质的竞争。"我平时看报,看到有关某某名噪一时的乡镇企业效益下去了,某某'明星'乡镇企业家又犯事了的报道,我总在想:为什么原来环境那样艰苦都挺过来了,现在环境好了却倒下去了呢?<u>一句话</u>,与这些企业家素质没能提高有关。"(《人民日报》1996年3月8日)

(337) 下面的歌词也朦朦胧胧地理解了:是说学校有很多房屋,在城外,是个男女合校,有很多同学。<u>总的来说</u>,是说这个学校很好。(汪曾祺《徙》)

以上例句中,"一句话""总的来说"都对上文所说内容做了很好的总结,也标志着言说的结束。

3. 好(好了、好吧、好啦)

王素改(2016)认为,作为话语标记,"好了"具有结束话轮和话题的作用,还具有安慰劝说、责怨、打断对方、提示听话的人注意等人际功能。

这类标记具有标记话题结束的功能,也标志着言说的结束、语篇的完结,说

话人使用这类标记来提示言谈即将结束。有时说话人不想再继续说下去,有意岔开话题或直接结束言谈。例如:

(338)……好,我们就讲到这里打住吧。(叶蔚林《蓝蓝的木兰溪》)
(339)王新英:我也得给他们道谢去,待会儿就去!平同志,你看这件事会快解决了吧?
平海燕:我看有希望!不过我还不敢保证刚才谈到的那个招弟儿就是你的姐姐。好吧,咱们今天就谈到这儿吧。我还会来麻烦你呢!(老舍《全家福》)
(340)A:你新交的男朋友怎么样啊,是做什么的?
B:就是普通小白领嘛,也没了解多深。好啦,我要去忙了,等有新进展再跟你说吧。(日常会话)

"好""好啦""好吧"常常与别的会话结束标记如"讲到这里""打住吧""今天就谈到这儿吧"等一同使用,如例(338)和例(339);例(340)可能是说话人不想透露太多男朋友的信息而有意结束了会话。

4. 行(行了、行啦)

该类标记与"好"类一样,常用于结束会话。王素改(2016)对比了"好了"与"行了",认为它们所反映的说话人和听话人的关系不同:"好了"所在句,说话人与听话人的关系比较对等,"行了"所在句则双方地位不平等居多。此外,在说话人的语气、语调方面也有些差别。以下是具体实例:

(341)A:王主任,您看这事儿怎么处理?
B:你别为难了,这事儿交给我吧。行,就这么定了,你先去忙吧。(日常会话)
(342)A:我们还要讨论多久啊?
B:已经讨论得差不多了,行了,今天差不多就到这儿吧,大伙儿散了吧。(日常会话)
(343)我情不自禁乐了,点点头:"也是,不过我告诉你也没什么大用。我的确不知道他们具体怎么搞的细节,他们没告诉我,就知道他们另搞了批电视,大概是李白玲联系的。"

"何必呢。"马汉玉颇不以为然,掏出烟给我扔过一支,自己叼上一支,点着火后的马火柴扔过来。"这年头谁管谁呀。"我满脸通红,依旧一言不发。

"我就要你这句话,瞧,没多难嘛,敞宝似的。行啦,今天就先到这儿,你回去给我写个材料,把你这趟出来干的这些个事从头到尾写一遍,一件事不许漏,明天交给我。"(王朔《橡皮人》)

从例(341)和例(343)可以明显看出说话双方的上下级关系,"行了"所在句的说话人地位较高。由上例还可以看出,与"好"类结束标记一样,"行"类也常与别的结束标记,如"先到这儿""到这儿吧"等一同使用,是结束会话时使用频率很高的标记。

5. 回头再说(回头再说吧)

该类标记也常常用于提示会话即将结束,在表面上给对方留了念想,兼有一定的人际功能。例如:

(344) 王华欣淡淡地说:"先办事。"话说到这里,蔡先生看了王华欣一眼,试探说:"那药引子?"真是患难见人心哪!

王华欣:"回头再说吧。"(李佩甫《羊的门》)

(345) 也是因为杀鸭子的小胖子,今天晚上偷偷上街;偷偷上街,也违反纪律,回来被光头崔哥抓住,扇了几耳光。崔哥扇他仅为上街,但小胖子做贼心虚,以为他干的事,崔哥都知道了。崔哥扇着问:"咱的事,回头再说;我在找人,比那事急。"(刘震云《我叫刘跃进》)

以上例句中的"回头再说(吧)"为结束会话的意图提供支持,又顾及双方的人际关系,兼具语篇功能与人际功能。

由以上例句可以看出,话题的结束、语篇的完结、说话的结束,有的时候三者是合而为一的,由言语行为标记表现出来。

综上所述,言说即将结束时,通常会有形式上的标记用来做出提示,告知听话的人或读者。语篇结束标记既总结、概括或者停止了语义表达,又为语篇"言说"的完整画下句号。

## 第四节 小 结

"说"是言语行为最核心的动作,任何言语行为都是"说"的结果。语篇的形成过程与"言说"的过程具有一致性,是从不同的视角对同一事物的说明,一静一动。说话人在"言说"过程中要保持话语的完整、连贯,其中的言语行为标记发挥着不小的作用。

本章从构拟的体系出发,进一步细化、丰富了言语行为标记的分类体系。本书构建体系如图 5-1 所示(加虚线框的部分为本章内容)。

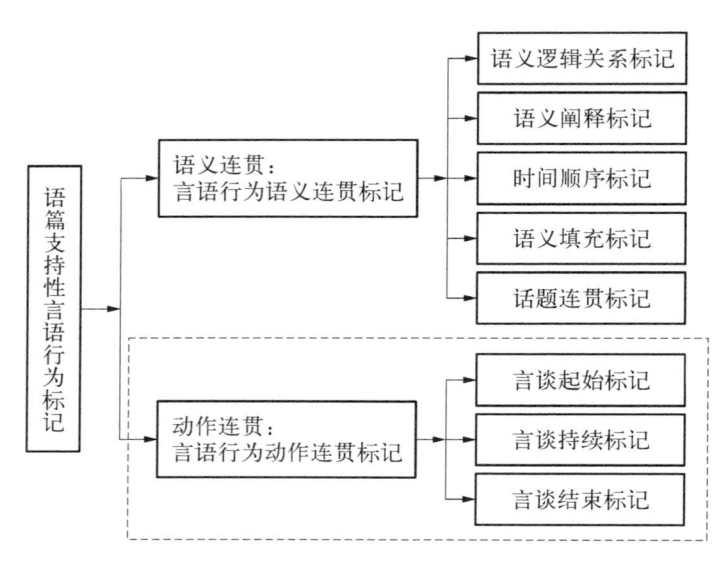

```
                                    ┌─ 语义逻辑关系标记
                                    ├─ 语义阐释标记
                    ┌─ 语义连贯：    ├─ 时间顺序标记
                    │  言语行为语义连贯标记
语篇支持性言语行为标记┤                ├─ 语义填充标记
                    │                └─ 话题连贯标记
                    │
                    │                ┌─ 言谈起始标记
                    └─ 动作连贯：    ├─ 言谈持续标记
                       言语行为动作连贯标记
                                    └─ 言谈结束标记
```

图 5-1 语篇支持性言语行为标记分类系统构建

本章以"说"的动作为观察视角，从保证"说"的流畅、连贯的角度出发，把这部分言语行为标记称为"言语行为动作连贯标记"，它们贯穿于言说的始末，与言谈中的起承转合密不可分。如图 5-1 所示，语义连贯和动作连贯是两套平行的体系，它们可以按照各自的轨迹扩展下去。从动作层面对言语行为标记进行考察而得到的分类与从语义层面对言语行为标记进行考察而得到的分类不是互补的，而是平行的，是从不同角度对同一事物的考察和分析。

我们依照在言说中的功用，提示言说过程中的某些性质和特点，在此架构的基础上，综合考察独白语篇和会话语篇，依据言说由开始到结束的过程，把作用于其中的言语行为标记分为言谈起始、言谈持续、言谈结束三个类别。其中，言谈起始标记又依据是说话人自发开始说话，还是承接别人的话轮开始说话而分为两类，言谈持续标记依据其兼有的语义连贯功能而分为五类，分类结果如图 5-2 所示。

由言语行为理论可知，言语行为可以分为动作层和语义层两个层面，本章从动作层面"说"的角度出发，重新梳理了言语行为动作连贯标记，并建立了分类体系。换一个角度去考察，很多标记会有不同的功能体现。例如，话题起始标记通常也标志着言说的开始；语义填充标记、语义重释标记、时间顺序标记、语义补充追加标记、语义逻辑关系标记等从"说"的角度来看具有言说过渡和话轮保持的

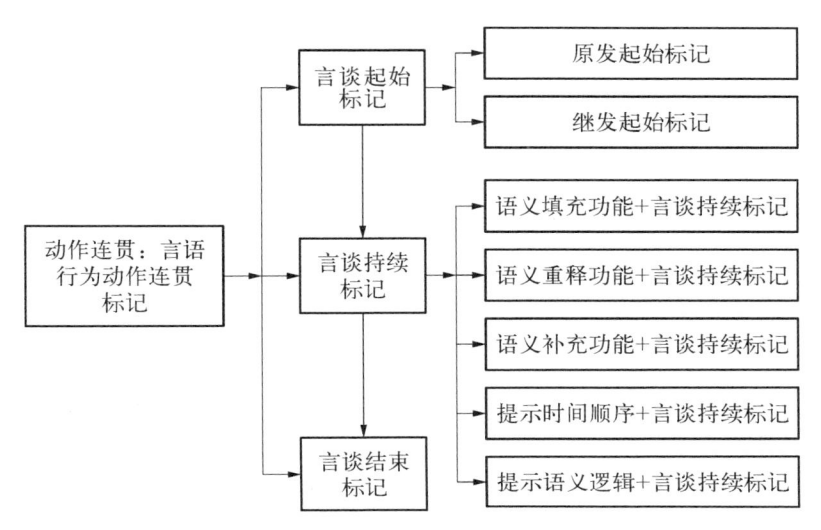

图 5-2 言语行为动作连贯标记分类体系

功能,可以持续言谈的过程;某些总结类标记与话题结束标记也具有提示言说的结束和会话进程的结束的功能。

本章的研究从一个新的角度细化、丰富了言语行为标记的分类体系。

# 第六章
# 结 语

　　本书是从言语行为视角出发,对语言中言语行为标记的系统性考察。言语行为标记,是对以往研究的诸如"话语标记"之类的标记性成分的重新命名,它从语言的功能出发,站在言语行为的角度,对以往研究加以重新审视。

　　以往研究面临诸多问题,如名称术语繁多、类目边界不清、缺乏理论体系支持、研究碎片化等。基于此现状,我们提出:问题一,这样的语言成分到底应该如何命名和定义?问题二,这样的语言现象所包含的内容庞杂,能否进一步分类、应该如何分类、分类依据为何?问题三,对于这类语言现象是否可以形成系统性、理论性的研究?

　　本书的研究目标在于对这一系列问题做出回应。

　　**回应问题一**:我们从言语行为的视角出发,以系统功能语言学、标记理论、"新言语行为分析"、语篇衔接-连贯理论等作为理论支撑,以功能分析为主线,从语言学的顶层设计开始,将语言看作基于一种行为过程假设的语言学,由此明确其核心概念——言语行为。进而,我们借助胡范铸的"新言语行为分析",即言语行为的基本结构为"意图+支持",其中的"支持"可分为三种类型——概念支持性子行为、人际支持性子行为和语篇支持性子行为[①],在此基础上,我们厘清了言语行为、标记性子行为(支持性子行为)、言语行为标记的概念范畴以及三者之间的关系,将言语行为标记三分为概念支持性言语行为标记、人际支持性言语行为标记和语篇支持性言语行为标记,分别对应于胡范铸对"支持"划分的三个类别,之后我们对其中的语篇支持性言语行为标记做出了界定,并确立为本书的研究对象。

　　我们对研究对象的命名——语篇支持性言语行为标记,是从言语行为的角度去认识和看待这类语言现象,由其核心概念"言语行为"到"言语行为标记"再

---

[①] 胡范铸.言语行为的合意性、合意原则与合意化[J].外语学刊,2009(04):67.

到"语篇支持性言语行为标记"一步步推衍而来的。从这一命名出发,可以向下不断拓展、延伸。我们在言语行为的理论框架中,有清晰明确的上位概念,并由语料实例中反复归纳分析而得到一个个下位概念,由此架构出一个关于语篇支持性言语行为标记的清晰、完整的系统。本书的第二章具体回应了这一问题。

**回应问题二**:我们以语篇功能为主线,收集了二百余条言语行为标记,对它们逐一考察分析,进行了详细的分类与归类研究。在分类时,我们将宏观研究与微观研究相结合,既立足于理论,自上而下宏观考察,又立足于具体语句,自下而上微观分析。在言语行为的理论体系内,依据我们对言语行为的理解——言语行为是人类行为中使用语言进行信息交换的行为,是一个主体与另一个主体之间用语言来进行信息交换,在这个言语事件中,既包括发出的一段"话语",即言语行为中的话语部分,也包括"说"这一言语行为的过程——言语行为可以做两个层面的理解,即动作层的"说"和语义层的"所说"。那么,在支持性子行为层面,支持性言语行为标记既在"说"的层面对说话人的动作连贯进行支持,又在"所说"的层面对说话人说出的语篇的语义连贯进行支持,也可以进一步剖析为对动作层和语义层两个层面的支持。

我们分别从言语行为的动作层和语义层出发,考察言语行为标记,特别是语篇支持性言语行为标记的语篇支持功能。据此,本书将语篇支持性言语行为标记分为语义连贯标记和动作连贯标记两大类,并在此基础上拓展和推衍出整个分类系统,从语言观念、理论基础、核心概念到其下的工具性范畴以及子范畴,每一步推衍都保持了言语行为理论的一致性框架。本书第三章具体回应了这一问题。

**回应问题三**:我们对这类语言现象的研究,从命名、概念厘清、对象选取、理论探讨,到具体语料、用例的分析、归纳,以语篇功能为主线,围绕语篇支持性言语行为标记进行了方方面面的研究。我们从功能的角度对它们做了系统的分类,从语义连贯和动作连贯两个层面对具体的标记进行分析。在语义连贯方面,对语篇中的话语层面即"所说"的部分,我们从语义逻辑关系、语义阐释、时间顺序、语义填充和话题连贯五个方面展开,每个方面又依据不同情况细分。在动作连贯方面,对语篇中隐含的"说话过程"即"说"的层面,我们考察言谈的过程,分起始、持续、结束三方面去分析,初步构建了言语行为标记的语篇功能体系,丰富并拓展了前人的研究。本书的第四章和第五章是对这一问题的具体回应。

综上所述，本书的创新之处有以下几点：

第一，重新梳理标记性成分的研究，将名称术语以理论为支持进行了整合，构建了以语篇功能为主线、以言语行为理论为视角、以功能语言学理论和"新言语行为分析"为基础的语篇支持性言语行为标记功能系统。

有别于目前学界以个案研究为主的现状，我们的研究着重于整体系统的构建。前人研究认为，语言具有概念、人际、语篇三大功能；"新言语行为分析"从语言是一种行为过程的假设出发，认为人类用语言表达自己意图的互动性行为就是言语行为，以言语行为作为核心概念可以进一步推衍出一系列的理论命题与工具性范畴。

言语行为的意图结构可以分为两个部分：意图性子行为和支持性子行为。在实际言语交际活动中，这两个部分可以同时出现，形成完整的结构，也可以只出现一个，而另一个以"零形式"出现。

任何言语行为都是有意图的，其意图结构可以做进一步的分析。支持性子行为可以分为三类，本书研究的正是其中之一——语篇支持性子行为，也即语篇支持性言语行为标记，它们集中体现言语行为的语篇功能。

"说"是言语行为最核心的动作，任何言语行为都是"说"的过程，也会产生说的结果。而言语行为的语篇支持功能正是对"说"的连贯予以支持，我们据此将语篇支持性言语行为标记分为两大类：语义连贯与动作连贯，并以此构建了以功能为分类基础的言语行为分类系统。

第二，对构建的言语行为标记分类系统内的具体标记做了翔实、丰富的研究，使得这一分类体系切实地丰富、充实起来。

我们对收集到的二百余条"语篇支持性"言语行为标记中的每一条都结合具体的使用语境做了详细的分析，并重新归类和分类，不但细化了言语行为意图结构下言语行为标记（支持性子行为）中的语篇支持性言语行为标记的分类研究，而且进一步扩展、丰富了这一体系。

第三，从研究方法来看，我们采用了与各家分类方法不同又能较好覆盖各家分类的新分类方法。

我们在对二百余条标记做了语义连贯和动作连贯两大类的划分后，通过对具体用例的考察、研究，比较分析同一标记在不同语境中的具体功能，将不同的功能做了大类上的划分，对其类别下，具有相同、相似的功能的标记又做了归纳和总结，不断经历分类→归类→分类的过程后，以功能为依托，我们将语义连贯标记分为五类：语义逻辑关系标记、语义阐释标记、时间顺序标记、语义填充标记和话题连贯标记。其中，语义逻辑关系标记又分为原因标记、让步标记、条件标记、结果标记、推论标记、转折标记、目的标记、选择标记八类；语义阐释标记又分为语义具象化标记、语义重释标记、语义补充追加标记、语义总结标记四类；时间顺序标记又分为时间标记和顺序标记两类；语义填充标记又分为占位标记和顺接标记两类；话题连贯标记又分为话题开始标记、话题结束标记、话题转换标记、话题找回标记四类。我们对动作连贯标记从三个方面进行考察，按照"说"的过程分为言谈起始标记、言谈持续标记、言谈结束标记三类，每类中又有细分。

由此，我们整理出本书的研究架构和研究贡献，如图 6-1 所示。

本书的研究还有许多不足和未尽之处，主要表现为以下几个方面：

一是本书研究侧重于从整体上、宏观上构建语篇支持性言语行为标记的分类体系，而未能顾及系统内每一个标记个案的详尽分析和具体描写。对研究范围内一部分标记做了比较充分的探讨，但仍有部分标记的意义、用法等尚未进行更深入的讨论；同时，对相似个案之间的区别未能做出更多比较和说明。

二是相比于语义连贯方面丰富详细的研究，动作连贯本身没有那么多的复杂性和层次性，显得比较直观和单纯。对动作连贯标记的分类止于第二次分类，虽与其本身的性质不无关联，但其内部的连贯机制仍有进一步的探索空间。

三是本书对兼有语篇、人际、概念三大功能或语篇兼人际、语篇兼概念功能的兼类标记尚未进行更详尽的考察和分析。这些兼类标记如果能放在整个言语行为标记系统中就会看得更清楚，还需要更深入地研究。

总的来说，言语行为标记是一个庞大而复杂的系统，本书只研究了其中的一个子系统。在今后的研究中，以上问题都有待进一步研究。相信在科学的体系构建与详尽的个案研究的互相促进下，这一领域的研究会更加丰富、准确。

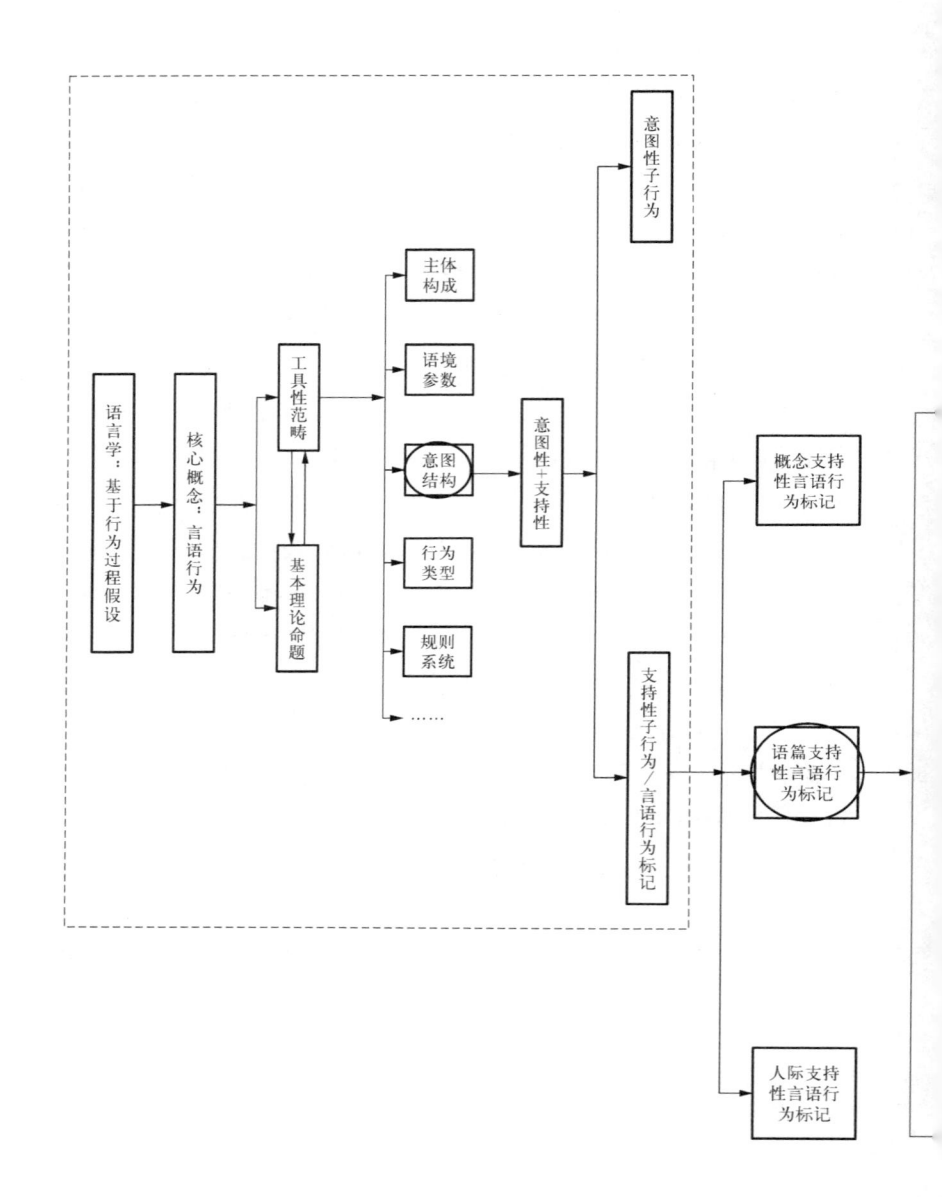

图 6-1　本书语篇支持性言语

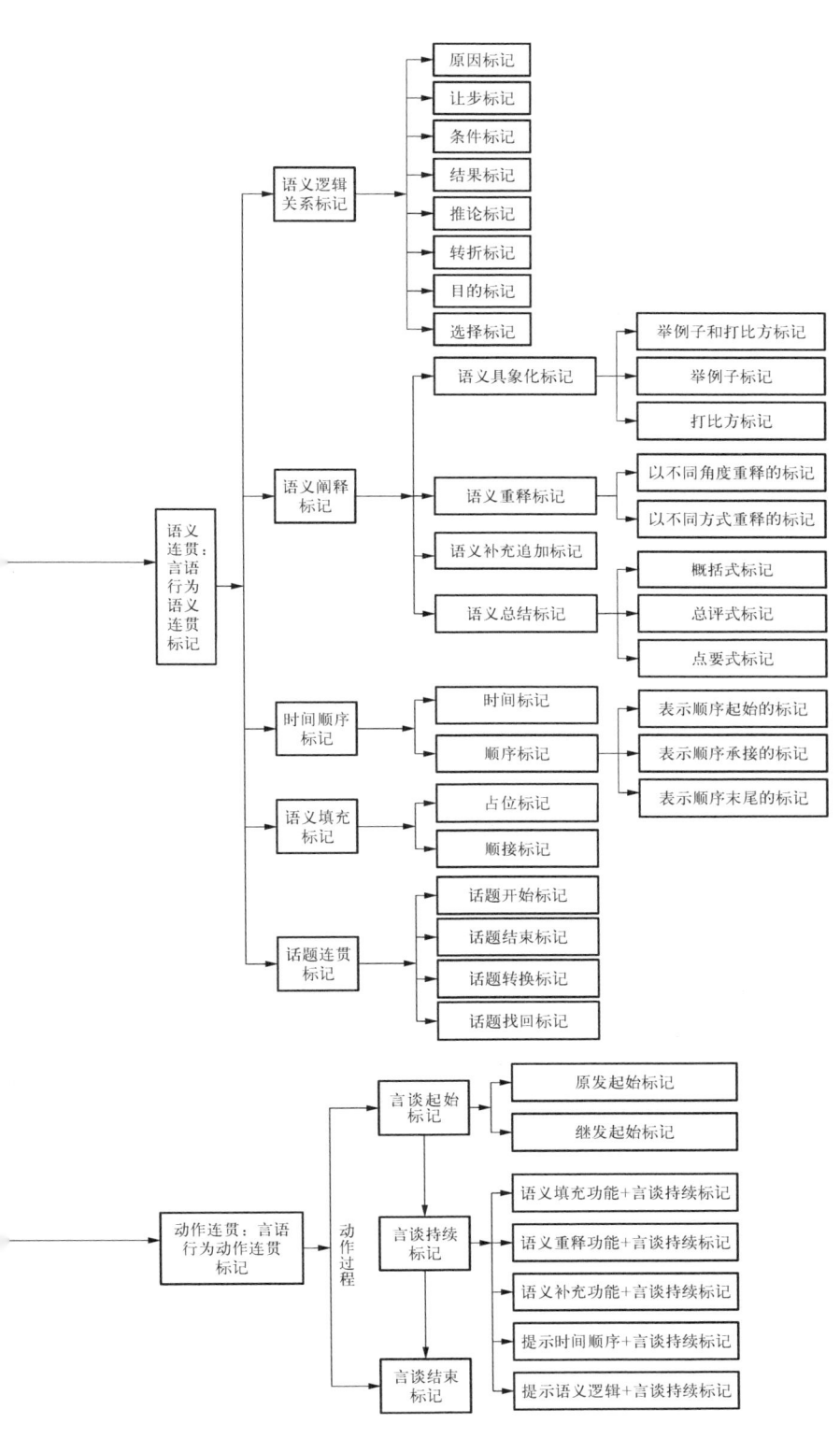

```
                                              ┌─ 原因标记
                                              ├─ 让步标记
                                              ├─ 条件标记
                              ┌─ 语义逻辑 ────┼─ 结果标记
                              │  关系标记     ├─ 推论标记
                              │               ├─ 转折标记
                              │               ├─ 目的标记
                              │               └─ 选择标记
                              │                                    ┌─ 举例子和打比方标记
                              │               ┌─ 语义具象化标记 ──┼─ 举例子标记
                              │               │                    └─ 打比方标记
                              │               │
                              │  语义阐释     │                    ┌─ 以不同角度重释的标记
                              ├─ 标记      ──┼─ 语义重释标记 ──┤
                              │               │                    └─ 以不同方式重释的标记
  语义连贯：                  │               ├─ 语义补充追加标记
  言语行为 ──┤                │               │                    ┌─ 概括式标记
  语义连贯标记                │               └─ 语义总结标记 ──┼─ 总评式标记
                              │                                    └─ 点要式标记
                              │                                    ┌─ 表示顺序起始的标记
                              │  时间顺序     ┌─ 时间标记
                              ├─ 标记      ──┤                    ├─ 表示顺序承接的标记
                              │               └─ 顺序标记 ───────┤
                              │                                    └─ 表示顺序末尾的标记
                              │  语义填充     ┌─ 占位标记
                              ├─ 标记      ──┤
                              │               └─ 顺接标记
                              │               ┌─ 话题开始标记
                              │  话题连贯     ├─ 话题结束标记
                              └─ 标记      ──┤
                                              ├─ 话题转换标记
                                              └─ 话题找回标记

                                              ┌─ 言谈起始     ┌─ 原发起始标记
                                              │  标记      ──┤
                                              │               └─ 继发起始标记
                                              │               ┌─ 语义填充功能+言谈持续标记
                              动作            │               ├─ 语义重释功能+言谈持续标记
  动作连贯：言语 ─── 动作过程 ─┼─ 言谈持续 ──┤
  行为动作连贯标记                            │  标记         ├─ 语义补充功能+言谈持续标记
                                              │               ├─ 提示时间顺序+言谈持续标记
                                              │               └─ 提示语义逻辑+言谈持续标记
                                              │
                                              └─ 言谈结束
                                                 标记
```

**行为标记功能分类体系**

# 参考文献

## 中文文献

### 【专著】

[1] 曹秀玲.汉语话语标记多视角研究[M].北京：中国社会科学出版社,2016.

[2] 戴维·克里斯特尔.现代语言学词典[M].沈家煊,译.北京：商务印书馆,2000.

[3] 高彦梅.语篇语义框架研究[M].北京：北京大学出版社,2015.

[4] 胡曙中.英汉修辞比较研究[M].上海：上海外语教育出版社,1993.

[5] 胡壮麟,等.系统功能语言学概论[M].北京：北京大学出版社,2005.

[6] 黄国文.语篇分析概要[M].长沙：湖南教育出版社,1988.

[7] Halliay,M.A.K..功能语法导论[M].英文版.北京：外语教学与研究出版社,2000.

[8] Hartmann,R.R.K.,Stork,F.C..语言与语言学词典[M].黄长著,等,译.上海：上海辞书出版社,1981.

[9] 李秀明.汉语元话语标记研究[M].上海：复旦大学出版社,2006.

[10] 李悦娥,范宏雅.话语分析[M].上海：上海外语教育出版社,2002.

[11] 李治平.现代汉语言说词语话语标记研究[M].北京：世界图书出版公司,2015.

[12] 李宗江,王慧兰.汉语新虚词[M].上海：上海教育出版社,2011.

[13] 廖秋忠.廖秋忠文集[M].北京：北京语言学院出版社,1992.

[14] 刘虹.会话结构分析[M].北京：北京大学出版社,2004.

[15] 刘丽艳.汉语话语标记研究[M].北京：北京语言大学出版社,2011.

[16] 鲁忠义,彭聃龄.语篇理解研究[M].北京：北京语言大学出版社,2003.

[17] 陆方喆.现代汉语反预期标记研究[M].北京：中国社会科学出版社,2017.

[18] 吕叔湘.中国文法要略[M].北京：商务印书馆,1982.
[19] 聂仁发.现代汉语语篇研究[M].杭州：浙江大学出版社,2009.
[20] 邵敬敏.现代汉语通论[M].2版.上海：上海教育出版社,2007.
[21] 孙利萍.现代汉语言说类话语标记研究[M].北京：社会科学文献出版社,2017.
[22] 田然.对外汉语教学语篇语法[M].北京：北京语言大学出版社,2013.
[23] 王德春.语言学概论[M].上海：上海外语教育出版社,1997.
[24] 邢福义.汉语复句研究[M].北京：商务印书馆,2001.
[25] 徐赳赳.现代汉语篇章语言学[M].北京：商务印书馆,2010.
[26] 徐志民.欧美语言学简史(修订本)[M].上海：学林出版社,2005.
[27] 叶枫.语篇语义学[M].北京：世界图书出版公司,2017.
[28] 殷树林.现代汉语话语标记研究[M].北京：中国社会科学出版社,2012.
[29] 张文贤.现代汉语连词的语篇连接功能研究[M].北京：北京大学出版社,2017.

【论文】

[30] 曹爽.话语解释标记"这么说吧"[J].广西师范大学学报(哲学社会科学版),2014,50(05)：126-131.
[31] 曹秀玲,辛慧.话语标记的多源性与非排他性——以汉语超预期话语标记为例[J].语言科学,2012(03)：254-262.
[32] 曹秀玲.从问到非问：话语标记的一个来源——以"怎么说呢"为例[J].山西大学学报(哲学社会科学版),2014,37(04)：60-67.
[33] 曹秀玲.从主谓结构到话语标记——"我/你V"的语法化及相关问题[J].汉语学习,2010(05)：38-50.
[34] 陈佳璇,周萍.学科自信重建与研究范式新探[J].外国语(上海外国语大学学报),2013,36(01)：92-94.
[35] 陈前瑞,王继红.动词前"一"的体貌地位及其语法化[J].世界汉语教学,2006(03)：24-35+2.
[36] 陈彦坤.汉语话语标记语研究综述[J].现代语文(语言研究版),2017(02)：12-17.
[37] 单士坤,王绍斌.论篇章性的构成标准[J].山东农业大学学报(社会科学版),2001(03)：76-79.
[38] 邓瑶.谈话语体中"你比如说"的话语功能探析[J].云南师范大学学报(对外

汉语教学与研究版),2011,9(04):63-67.

[39] 董秀芳."X说"的词汇化[J].语言科学,2003(02):46-57.

[40] 董秀芳.词汇化与话语标记的形成[J].世界汉语教学,2007(01):50-61+63.

[41] 董秀芳.来源于完整小句的话语标记"我告诉你"[J].语言科学,2010(03):279-286.

[42] 杜世洪,卡明斯.连贯是一个语言哲学问题——四十年连贯研究的反思[J].外国语(上海外国语大学学报),2011,34(04):83-92.

[43] 方环海,刘继磊."完了"的虚化与性质[J].语言科学,2005(04):98-102.

[44] 方梅.自然口语中弱化连词的话语标记功能[J].中国语文,2000(05):459-470+480.

[45] 冯光武.汉语语用标记语的语义、语用分析[J].现代外语,2004(01):24-31+104-105.

[46] 冯棉.演绎逻辑的真值语义和直观推理语义[J].华东师范大学学报(哲学社会科学版),2011,43(06):22-26+148-149.

[47] 高竞怡,刘源甫,王晓燕.论元话语和话语标记[J].当代教育理论与实践,2010,2(01):151-153.

[48] 高玮,郭艳英.基于书面语的语篇衔接与连贯的显性研究[J].吉林工程技术师范学院学报,2009,25(08):41-43.

[49] 高增霞.从评价到语气——兼论"吧"的意义[J].河南师范大学(哲学社会科学版),2011,38(06):180-183.

[50] 高增霞.自然口语中的话语标记"回头"[J].中国社会科学院研究生院学报,2004(01):106-111+143.

[51] 高增霞.自然口语中的话语标记"完了"[J].语文研究,2004(04):20-23.

[52] 管志斌."得了"的词汇化和语法化[J].汉语学习,2012(02):107-112.

[53] 郭风岚.北京话话语标记"这个""那个"的社会语言学分析[J].中国语文,2009(05):429-437+480.

[54] 郭玉莲.话语标记语"是这样的"及其语用功能[J].文学界(理论版),2012(02):118-119+123.

[55] 韩蕾,刘焱.话语标记"别说"[J].宁夏大学学报(人文社会科学版),2007(04):11-15.

[56] 侯瑞芬."别说"与"别提"[J].中国语文,2009(02):131-140+191-192.

[57] 胡德明.话语标记"谁知"的共时与历时考察[J].语言教学与研究,2011(03):67-72.

[58] 胡范铸.从"修辞技巧"到"言语行为"——试论中国修辞学研究的语用学转向[J].修辞学习,2003(01):2-5.

[59] 胡范铸.什么是"修辞的原则"?——对于修辞学若干基本范畴的重新思考(二)[J].修辞学习,2002(03):3-4.

[60] 胡范铸."修辞"是什么?"修辞学"是什么?[J].修辞学习,2002(02):2-3.

[61] 胡范铸.言语行为的合意性、合意原则与合意化[J].外语学刊,2009(04):65-68.

[62] 胡范铸.幽默语言、谎言、法律语言、机构形象修辞、实验修辞学……研究的逻辑起点——基于"新言语行为分析"的思考[J].华东师范大学学报(哲学社会科学版),2015,47(06):1-9+164.

[63] 胡范铸.语用研究的逻辑断裂与理论可能[J].外国语(上海外国语大学学报),2017,40(01):2-7.

[64] 胡建峰.试析具有证言功能的话语标记"这不"[J].世界汉语教学,2010(04):483-494.

[65] 胡习之,高群.试析会话结束语"就这样吧"[J].当代修辞学,2015(03):68-75.

[66] 黄芬,王向东.英语语篇连贯理论研究[J].文学教育(中),2013(02):71-72.

[67] 姬新新.基于话语标记语理论对"看起来"与"看上去"的考察[J].现代语文(语言研究版),2014(06):49-52.

[68] 吉海韵.语言学习中"所以说"的语用功能和主观化[J].知识经济,2015(12):132+134.

[69] 贾建军.填充词的生成原因和语用功能[J].武汉船舶职业技术学院学报,2008(03):56-59.

[70] 蒋大山.再评韩礼德的连贯理论[J].科技信息,2011(13):226-227.

[71] 金桂桃.也谈"这下"和"这回"表时间关系篇章功能的产生——兼与李宗江先生商榷[J].武汉理工大学学报(社会科学版),2008(03):438-441.

[72] 金荣.言语行为理论下的语篇衔接与连贯[J].四川教育学院学报,2011,27(07):65-68.

[73] 金晓艳,柳英绿.时间连接成分及其相关术语[J].通化师范学院学报,2010,31(07):23-25.

[74] 金晓艳,马庆株.时间连接成分的范围和分类[J].东北师大学报(哲学社会科学版),2010(05):94-97.

[75] 金晓艳,彭湃."原来"和"本来"的篇章位置考察[J].牡丹江师范学院学报(哲学社会科学版),2011(02):64-65.

[76] 金晓艳,彭爽.时间连接成分的本体研究概述[J].济南大学学报(社会科学版),2008(04):44-46.

[77] 金晓艳.现代汉语时间连接成分的篇章研究[J].东北师大学报(哲学社会科学版),2018(01):81-87.

[78] 阚明刚,侯敏.话语标记语体对比及其对汉语教学的启示[J].语言教学与研究,2013(06):32-39.

[79] 乐耀.北京话中"你像"的话语功能及相关问题探析[J].中国语文,2010(02):124-134+191.

[80] 乐耀.从"不是我说你"类话语标记的形成看会话中主观性范畴与语用原则的互动[J].世界汉语教学,2011(01):69-77.

[81] 李秉震,李岑星."这时"的语体分布及其历时演变[J].汉语学习,2018(02):64-72.

[82] 李秉震.汉语话题标记的语义、语用功能研究[D].天津:南开大学,2010.

[83] 李静.连贯理论与关联理论对话语标记语的分析比较[J].重庆第二师范学院学报,2014,27(01):67-71.

[84] 李楠.话语标记语及其语篇连贯功能[J].邢台学院学报,2006(04):65-67.

[85] 李青.国内韩礼德语言学思想研究现状评述[J].科教文汇(中旬刊),2014(10):97-98+128.

[86] 李莎."这么说吧"话语标记分析[J].语文学刊,2014(05):37-38.

[87] 李绍群.试析总括性话语标记"一句话"[J].语言教学与研究,2013(02):97-103.

[88] 李思旭.从词汇化、语法化看话语标记的形成——兼谈话语标记的来源问题[J].世界汉语教学,2012(03):322-337.

[89] 李锡奎,史铁强.语篇衔接与连贯研究进展及趋势分析[J].中国俄语教学,2015,34(03):36-42.

[90] 李咸菊.北京话话语标记"是不是""是吧"探析[J].语言教学与研究,2009(02):83-89.

[91] 李咸菊.北京口语常用话语标记研究[D].北京:北京语言大学,2008.

[92] 李潇辰,向明友,杨国萍."话语标记"正名[J].中国外语,2015(05):17-23.

[93] 李心释,姜永琢.对话语标记的重新认识[J].汉语学习,2008(06):21-29.

[94] 李勇忠.信息短路下的话语标记[J].外语学刊,2003(03):21-25+112.

[95] 李圆圆.现代汉语填充类话语标记研究[D].上海:上海师范大学,2017.

[96] 李治平."瞧(看)你说的"话语标记分析[J].汉语学习,2011(06):54-59.

[97] 李宗江.关于话语标记来源研究的两点看法——从"我说"类话语标记的来源说起[J].世界汉语教学,2010(02):192-198.

[98] 李宗江."回头"的词汇化与主观性[J].语言科学,2006(04):24-28.

[99] 李宗江.几个疑问小句的话语标记功能——兼及对话语标记功能描写的一点看法[J].当代修辞学,2013(02):36-42.

[100] 李宗江."就这样"类指代词语的篇章连接功能[J].汉语学习,2015(06):3-9.

[101] 李宗江."看你"类话语标记分析[J].语言科学,2009(03):326-332.

[102] 李宗江.连词"不说"的语义和语用功能[J].汉语学报,2009(03):2-7+95.

[103] 李宗江.试析表示身体状态改变的词语的特殊功能[J].当代修辞学,2011(05):27-33.

[104] 李宗江.说"完了"[J].汉语学习,2004(05):10-14.

[105] 李宗江."现在":由时间标记到话语标记[J].浙江外国语学院学报,2014(04):62-65.

[106] 李宗江.也说话语标记"别说"的来源——再谈话语标记来源的研究[J].世界汉语教学,2014(02):222-229.

[107] 李宗江."这下"的篇章功能[J].世界汉语教学,2007(04):56-63+3.

[108] 李佐文.话语联系语对连贯关系的标示[J].山东外语教学,2003(01):32-36.

[109] 廖红艳.浅谈话语标记"你就说"[J].文学教育(上),2012(03):153-155.

[110] 廖秋忠.《篇章语言学导论》简介[J].国外语言学,1987(02):66-69.

[111] 刘丞.由反问句到话语标记:话语标记的一个来源——以"谁说不是"为例

[J].汉语学习,2013(05):105-112.

[112] 刘春鱼.真值语义、语用意义与评价系统[J].重庆交通大学学报(社会科学版),2007(06):113-116.

[113] 刘丹凤.浅析关联理论对语篇连贯的构建作用[J].黑龙江生态工程职业学院学报,2009,22(04):135-136.

[114] 刘丽艳.汉语会话中非母语者对话语标记的选择偏好及原因分析——以韩国学生汉语交际为例[J].宁夏大学学报(人文社会科学版),2015,37(03):17-24.

[115] 刘丽艳.话语标记"你知道"[J].中国语文,2006(05):423-432+479-480.

[116] 刘丽艳.话语斟酌标记"怎么说"及其功能研究[J].宁夏大学学报(人文社会科学版),2013,35(05):41-47.

[117] 刘丽艳.跨文化交际中话语标记的习得与误用[J].汉语学习,2006(04):50-57.

[118] 刘丽艳.作为话语标记的"这个"和"那个"[J].语言教学与研究,2009(01):89-96.

[119] 刘丽艳.作为话语标记语的"不是"[J].语言教学与研究,2005(06):27-36.

[120] 刘流.现代汉语总结类话语标记研究[D].上海:上海师范大学,2015.

[121] 刘亚猛.连贯(coherence)还是"辩动"(cogency)?——从"修辞结构理论(RST)"的得失看修辞对语篇研究的干预[J].当代修辞学,2017(04):18-23.

[122] 刘焱.反预期信息标记"别看"[J].汉语学习,2009(04):38-43.

[123] 龙华林.论话语标记语的功能与分类[J].当代教育理论与实践,2013,5(01):189-190.

[124] 卢莉.话语运用的衔接与连贯:BEC的启示[J].深圳大学学报(人文社会科学版),2002(04):117-123.

[125] 卢义娟,傅福英.话语标记语的研究现状与发展趋势[J].韶关学院学报(社会科学),2011,32(03):101-104.

[126] 卢英顺."这样吧"的话语标记功能[J].当代修辞学,2012(05):39-45.

[127] 吕建国."所以说"话语功能的考察[J].广东技术师范学院学报,2012,

33(07):81-85+141.

[128] 吕为光.迟疑功能话语标记"怎么说呢"[J].汉语学报,2015(03):87-94.

[129] 吕为光.现代汉语中由"说"构成的插入语研究[D].天津:南开大学,2012.

[130] 马国彦.话语标记与口头禅——以"然后"和"但是"为例[J].语言教学与研究,2010(04):69-76.

[131] 孟晓亮,侯敏.话语标记的语体特征研究及应用[J].中文信息学报,2009(04):34-39.

[132] 苗宁,杜冰研.对比性标记语的研究状况综述[J].科协论坛(下半月),2007(10):47.

[133] 莫爱屏.话语标记语的关联认知研究[J].语言与翻译,2004(03):3-8.

[134] 彭思.褒扬义"别看……"句式的使用考察[J].延边教育学院学报,2015,29(04):25-28.

[135] 祁峰."X的是":从话语标记到焦点标记[J].汉语学习,2011(04):107-112.

[136] 秦洪武,王玉.从详述类话语标记看翻译与现代汉语话语组织的发展[J].外语教学与研究,2014(04):521-530+639.

[137] 冉永平.话语标记语的语用学研究综述[J].外语研究,2000(04):8-14.

[138] 荣月婷.对外汉语学习词典中话语标记语语用信息研究[J].西南交通大学学报(社会科学版),2014,15(01):39-44.

[139] 阮丽飞,李翠华.语篇连贯手段整合方案研究[J].文学教育(上),2011(08):55-57.

[140] 尚加加.论"回头"的词汇化[J].语文学刊,2010(10):37-38.

[141] 邵敬敏,赵秀凤."什么"非疑问用法研究[J].语言教学与研究,1989(01):26-40.

[142] 沈阳.时间标记语在历史语篇中的语篇功能分析——以《万历十五年》为例[D].杭州:浙江工商大学,2015.

[143] 盛继艳.也谈话语标记"你说"[J].汉语学习,2013(03):31-36.

[144] 盛新华,邱野."就是说"所标示的A、B之间的语义关系及语用特点[J].延安大学学报(社会科学版),2009,31(01):24-27+66.

[145] 施仁娟.汉语教师课堂话语标记使用情况研究[J].语文教学通讯·D刊(学术刊),2015(07):56-59.

[146] 施仁娟.基于元话语能力的汉语话语标记研究[D].上海：华东师范大学，2014.

[147] 司罗红."说白了"的固化及语用功能[J].昭通学院学报，2016，38（02）：31-35.

[148] 宋晖."话说回来"的"界指"模式研究[J].语言研究，2018，38（01）：43-49.

[149] 宋晖.话语标记研究三题[J].外语教学，2014（04）：29-32.

[150] 宋晖.转折话语标记模式研究[J].汉语学习，2015（02）：66-72.

[151] 孙利萍，方清明.汉语话语标记的类型及功能研究综观[J].汉语学习，2011（06）：76-84.

[152] 孙利萍.论汉语言说类话语标记的基本特征[J].暨南学报（哲学社会科学版），2012（04）：138-145.

[153] 孙利萍.坦言式语用标记"说 X 了"的语法化及语用功能——以"说白了"为例[J].语文研究，2014（01）：39-42.

[154] 孙青波，王琦."是这样的"语篇功能[J].太原城市职业技术学院学报，2017（09）：204-205.

[155] 唐斌.话语标记语"其实"及其英译的语用功能探析[J].外语与外语教学，2007（03）：16-18.

[156] 唐善生，马亦琦."要不说"的语用分析[J].当代修辞学，2016（02）：48-56.

[157] 唐善生."不说"的副词化[J].汉语学习，2016（02）：56-64.

[158] 王长武.从小句到话语标记——试析"是这样的"[J].重庆文理学院学报（社会科学版），2014，33（06）：67-72.

[159] 王凤兰，方清明.论话语标记"这样一来"的语用功能[J].语言教学与研究，2015（02）：76-82.

[160] 王刚.汉语话语标记"再怎么说"提醒、明示功能研究[J].河北大学学报（哲学社会科学版），2015，40（03）：62-67.

[161] 王佳珺."不说 X"与"X 不说"[J].海外华文教育，2011（04）：55-63.

[162] 王军.关联理论视角下语篇连贯的动态研究[J].东北农业大学学报（社会科学版），2011，9（05）：90-93.

[163] 王鹏.对外汉语口语教材话语标记的考察分析及教学建议[D].武汉：华中师范大学，2016.

[164] 王蕊.汉语"说"类言语行为标记研究[D].上海：华东师范大学，2013.

[165] 王素改."好了"的功能及与"行了"的对比[J].南阳师范学院学报,2016,15(11):52-56.

[166] 王向东.英语语篇分析理论研究[J].西南民族大学学报(人文社会科学版),2011,32(06):116-119.

[167] 王艳红.概念合成理论与语篇连贯的建构[J].黑龙江社会科学,2009(04):133-135.

[168] 王雁冰.衔接与连贯理论的回顾[J].山西大同大学学报(社会科学版),2010,24(06):67-69.

[169] 王正元.话语标记语意义的语用分析[J].外语学刊,2006(02):38-44+112.

[170] 毋冬梅.副词"回头"的语法化[J].焦作师范高等专科学校学报,2010,26(04):24-26+69.

[171] 吴为章.解证句群的类型和作用[J].学语文,1989(06):6-8.

[172] 吴晓芳,殷树林.说"那么"[J].福州大学学报(哲学社会科学版),2012,26(05):87-96.

[173] 吴燕,甘小亚.话语连贯与关联理论[J].湖北广播电视大学学报,2010,30(08):101-102.

[174] 吴勇,郑树棠.论话语标记语WELL语用功能在英译汉中的再现[J].外语与外语教学,2007(07):47-52.

[175] 吴玉凡."话说回来"的语篇话语功能[J].安康学院学报,2016,28(03):39-42.

[176] 习晓明.填充词及其用法[J].教学研究(外语学报),1988(03):51-54+50.

[177] 鲜丽霞,李月炯.汉语话语标记研究综述[J].广西师范学院学报(哲学社会科学版),2015(01):122-127.

[178] 肖亮荣.语用标记语及其对语用含混的揭示作用[J].汕头大学学报,2004(04):33-36+90.

[179] 谢世坚.话语标记语研究综述[J].山东外语教学,2009(05):15-21.

[180] 邢欣,白水振.语篇衔接语的关联功能及语法化——以部分感官动词语法化构成的衔接语为例[J].汉语学习,2008(03):15-21.

[181] 熊子瑜,林茂灿."啊"的韵律特征及其话语交际功能[J].当代语言学,2004(02):116-127+189.

[182] 徐静,叶慧.换言连接成分类型研究[J].学理论,2009(11)：147-148.

[183] 徐盛桓.论篇章的变异[J].华南师范大学学报(社会科学版),1991(02)：88-96.

[184] 徐燕青."A。就是说,B"类句式的语用、篇章考察[J].莆田学院学报,2009,16(06)：52-57.

[185] 许家金.汉语自然会话中话语标记"那(个)"的功能分析[J].语言科学,2008(01)：49-57.

[186] 许家金.汉语自然会话中"然后"的话语功能分析[J].外语研究,2009(02)：9-15+112.

[187] 许家金.话语标记的现场即席观[J].外语学刊,2009(02)：83-87.

[188] 许俊,王婷.论英语语篇的衔接与连贯[J].吉林省教育学院学报(上旬),2013,29(08)：102-103.

[189] 闫翠霞.隐性连贯及其生成理论依据[J].黑龙江科技信息,2010(18)：178.

[190] 杨才英,赵春利.言说类话语标记的句法语义研究[J].汉语学报,2013(03)：75-84.

[191] 杨同用."这时""那时"与它们的承接功能[J].汉字文化,2002(01)：37-39.

[192] 杨一飞.感官类话语标记语初探——以"你+感官动词"(看、听、说、讲、想、知道、认为等)为例[J].福建论坛(社科教育版),2011(04)：58-59.

[193] 姚双云,姚小鹏.自然口语中"就是"话语标记功能的浮现[J].世界汉语教学,2012(01)：77-84.

[194] 殷树林.话语标记的性质特征和定义[J].外语学刊,2012(03)：91-95.

[195] 殷树林.话语标记"这个""那个"的语法化和使用的影响因素[J].外语学刊,2009(04)：92-96.

[196] 殷树林.论话语标记的形成[J].湖南科技大学学报(社会科学版),2012(02)：133-138.

[197] 殷树林.说话语标记"不是"[J].汉语学习,2011(01)：36-45.

[198] 殷志平.固化短语"这样一来"的功能与用法[J].汉语学习,2015(03)：23-33.

[199] 尹海良.自然口语中的话语标记"别说"[J].宁夏大学学报(人文社会科学版),2009(06)：56-61.

[200] 于国栋,吴亚欣.话语标记语的顺应性解释[J].解放军外国语学院学报,2003(01):11-15.

[201] 于海飞.话轮转换中的话语标记研究[D].济南:山东大学,2006.

[202] 余光武,满在江.连词"完了"来源新解——兼谈"完了"与"然后"的异同[J].语言教学与研究,2008(01):50-57.

[203] 曾君,陆方喆.从反预期标记到话语标记——论"但是"的语用功能及演变[J].语言科学,2016,15(04):391-400.

[204] 张德岁.话语标记"你想"的成因及其语用修辞功能[J].安徽大学学报(哲学社会科学版),2009(05):95-100.

[205] 张恒君."也好"的话语标记功能及其形成[J].中南大学学报(社会科学版),2015,21(04):262-268.

[206] 张金圈."别看"的连词化及话语标记功能的浮现[J].汉语学习,2016(01):42-52.

[207] 张丽.关联理论对语篇连贯的诠释[J].西南大学学报(社会科学版),2012,10(12):137-138.

[208] 张璐,罗润田.话语连贯性的顺应视角分析[J].北华大学学报(社会科学版),2012,13(03):149-151.

[209] 张廷国,陈忠华.语篇的理论界定、描写与解释[J].烟台大学学报(哲学社会科学版),2003(03):353-356.

[210] 张旺熹,姚京晶.汉语人称代词类话语标记系统的主观性差异[J].汉语学习,2009(03):3-11.

[211] 张文贤,方迪,张媛媛.语体视角下"这下"的话语标记功能及其教学探讨[J].汉语学习,2018(05):86-96.

[212] 张新杰,邱天河.语篇连贯研究综述[J].外语与外语教学,2009(10):18-22.

[213] 张艳斌.语篇衔接与连贯研究综述[J].科技信息,2010(04):140-141.

[214] 张奕,乔琳.话语标记语研究现状与展望[J].深圳大学学报(人文社会科学版),2010,27(01):126-131.

[215] 张谊生."看起来"与"看上去"——兼论动趋式短语词汇化的机制与动因[J].世界汉语教学,2006(03):5-16+2.

[216] 郑娟曼,张先亮."责怪"式话语标记"你看你"[J].世界汉语教学,2009

(02)：202-209.

[217] 周代景,李燊."我就说"的话语标记功能及相关格式比较[J].华中师范大学研究生学报,2018,25(01)：90-95.

[218] 周红.近二十年来国内语篇理论研究述评[J].安庆师范学院学报(社会科学版),2014,33(05)：46-50+64.

[219] 周明强."话语标记"称说辨析[J].浙江外国语学院学报,2016(03)：9-16.

[220] 周明强.坦言性话语标记语用功能探析[J].当代修辞学,2013(05)：57-64.

[221] 朱霖.汉语口语填充标记研究[D].南京：南京师范大学,2017.

[222] 朱青.指示代词"这样"及其组配形式的多角度研究[D].上海：上海师范大学,2009.

[223] 朱永生.韩礼德的语篇连贯标准外界的误解与自身的不足[J].外语教学与研究,1997(01)：20-24.

## 英文文献

[224] Austin, J. L.. How to Do Things with Words[M]. J. O. Urmson and Marina Sbisa, editors. Oxford：Clarendon Press, 1969.

[225] Beaugrande, R. D. and Dressler, W. U.. Introduction to Text Linguistics[M]. London：Longman, 1981.

[226] Blakemore, Diane. Relevance and Linguistic Meaning：The Semantics and Pragmaties of Discourse Markers[M]. London：Cambridge University Press, 2002.

[227] Blakemore, Diane. Semantic Constraints on Relevance[M]. Oxford：Blackwell, 1987.

[228] Blakemore, Diane. Understanding Utterances[M]. Oxford：Blackwell, 1992.

[229] Brown and Yule. Discourse Analysis[M]. London：Cambridge University Press, 1983.

[230] Cohen, P. R. and Perrault, C. R.. Elements of a plan-based theory of speech acts[J]. Cognitive Science：A Multidisciplinary Journal, 1979, 3(03)：177-212.

[231] Crismore, A., Markkanen, R., and Steffensen, M. S.. Metadiscourse in persuasive writing: a study of texts written by American and Finnish university students[J]. Writ, Commun, 1993(10): 39 – 71.

[232] Crystal, David. A Dictionary of Linguistics and Phonetics[M]. Oxford: Blackwell, 2008.

[233] Erman, B.. Pragmatic markers revisited with a focus on "you know" in adult and adolescent talk[J]. Pragmatics, 2001, 33(09): 1337 – 1359.

[234] Fraser, Bruce. Pragmatic makers[J]. Pragmatics, 1996(06): 167 – 190.

[235] Fraser, Bruce. Towards a theory of discourse markers[M]//Kerstin Fischer. Discourse Particles. Amsterdam: Elsevier, 2006.

[236] Fraser, Bruce. What are discourse markers? [J]. Journal of Pragmatics, 1999(31): 931 – 952.

[237] Givón, T.. Topic Continuity in Discourse: An Introduction[M]//Topic Continuity Indiscourse: A Quantitative Cross-language Study. Amsterdam/Philadelphia: John Benjamins Publishing Company, 1983.

[238] Grice, H. P.. Studies in the Way of Words[M]. Cambridge MA: Harvard University Press, 1989.

[239] Halliday, M. A. K.. Explorations in the Functions of Language[M]. London: Edward Arnold, 1973.

[240] Halliday, M. A. K.. Halliday's Introduction to Functional Grammar [M]. London: Routledge, 2014.

[241] Halliday, M. A. K. and Hasan, R.. Cohesion in English[M]. London: Longman, 1976.

[242] Hyland, Ken. Persuasion and context: the pragmatics of academic metadiscourse[J]. Journal of Pragmatics, 1998(30): 437 – 455.

[243] Jucker and Ziv. Discourse Markers: Descriptions and Theory [M]. Amsterdam: John Benjamins, 1998.

[244] Keenan, Elinor Ochs and Bambi B. Schieffelin. Topic and discourse notion: a study of topic in the conversations, of children and adults[M]//Li, Charles N.. Subject and Topic. NewYork: Academic Press, 1976.

[245] Kellermann, K and Palomares. Topical profiling: emergent, co-occurring,

and relationally defining topics in talk[J]. Journal of Language and Social Psychology, 2004, 23(03): 308-337.

[246] Levelt, W. J. M.. Speaking: From Intention to Articulation [M]. Cambridge MA: MIT Press, 1989.

[247] Levelt, W. J. M. Speaking: From Intention to Articulation[M]. Cambridge MA: MIT Press, 1989.

[248] Quirk, Randolph. A Comprehensive Grammar of the English Language [M]. London: Longman, 1985.

[249] Redeker, G. Ideational and pragmatic markers of discourse structure[J]. Journal of Pragmatics, 1990, 14(03): 367-381.

[250] Redeker, Gisela. Discourse Markers as Attentional Cues at Discourse Transitions[M]//Kerstin Fischer. Discourse Particles. Amsterdam: Elsevier, 2006.

[251] Rouchota, V.. Procedural meaning and parenthetical discourse markers [J]. Journal of Pragmatics, 1998, 29(06): 721-738.

[252] Sacks, H., Schegloff, E. A. and Jefferson, G.. A simplest systermatics for the organization of turning-taking for conversation[J]. Language, 1974, 150(04), 697-735.

[253] Saeed, J. I.. Semantics[M]. Beijing: Foreign Language Teaching and Research Press, 2000.

[254] Schiffrin, D.. Conversational coherence: the role of 'well'[J]. Language, 1985, 61(03): 640-667.

[255] Schiffrin, Deborah. Discourse Markers[M]. Cambridge: Cambridge University Press, 1987.

[256] Searle, J. R.. Austin on locutionary and illocutionary acts[M]//I. Berlin, L. W. Forguson, D. F. Pears, G. Pitcher, J. R. Searle, P. F. Strawson & G. J.. Warnock. Essays on J. L. Austin. Oxford: Oxford University Press, 1973.

[257] Searle, J. R.. Developmental psycholinguistics and communication disorders [J]. Arnals of the New York Academy of Sciences, 1975(263): 27-38.

[258] Searle, J. R.. Expression and Meaning: Studies in the Theory of Speech

Acts[M]. Cambridge: Cambridge University Press, 1979.

[259] Searle, J. R.. Speech Acts: An Essay in the Philosophy of Language [M]. London: Cambridge University Press, 1969.

[260] Sperber, D. and Wilson, D.. Relevance: Communication and Cognition [M]. Oxford: Blackwell, 1995.

[261] Tarski, Alfred. The concept of truth in formalized languages[M]// Woodger, J. H.. Logic, Semantics, Metamathematics. Oxford: Clarendon Press, 1956.

[262] Traugott, Elizabeth Closs and Dasher, Riehard B. Regularity in Semantic Change[M]. London: Cambridge University Press, 2002.

[263] Wilson, D. and Sperber, D.. Linguistic form and relevance[J]. Lingua, 1993(90): 1-25.

# 附 录

**本书分析到的语篇支持性言语行为标记个案总结表（依分类列出）**

| 第一次分类 | 第二次分类 | 第三次分类 | 本书分析到的标记个案 |
|---|---|---|---|
| 言语行为语义连贯标记 | 语义逻辑关系标记 | 原因标记 | 本来、本来嘛、原来、是这么回事（儿）、是这样、是这样的、主要是、说不上是、可不是、可不是嘛、可不是咋的 |
| | | 让步标记 | 别看、你别看、就说、就说吧、退一步说、退一步讲、怎么说、再怎么说、不敢说、不说、且不说 |
| | | 条件标记 | 只消、滋、待会儿、回头、哪天、什么时候、试想一下 |
| | | 结果标记 | 很自然、很自然地、完了（liǎo）、好嘛、好么、连带着、一来二去、一来二去的、这么的（di）、就这么的（di）、这么着、这样、这一来、这样一来、这么一来、到头儿来、闹到最后、弄得、闹得、弄到后来、闹到后来、搞到后来、碰巧、赶巧 |
| | | 推论标记 | 所以说、要不说、要不怎么说、这么说、这么说来、这样说来、那么说、这样想来、如此说来、由此看来 |
| | | 转折标记 | 话是这么说、话虽这么说、看起来、初看起来、乍看起来、看上去、一看上去、看似、话说回来、话又说回来、话又说回来了、要知道、自然 |
| | | 目的标记 | 借以、用以、为的是、也好 |
| | | 选择标记 | 再不然、再不 |

续 表

| 第一次分类 | 第二次分类 | 第三次分类 | 本书分析到的标记个案 |
|---|---|---|---|
| 言语行为语义连贯标记 | 语义阐释标记 | 语义具象化标记 | 既能举例子又能打比方的标记：比方、比方说、比方说吧、你比方、你比方说、比如、比如说、比如说吧、你比如、你比如说、譬如、譬如说、你譬如、你譬如说吧、好比、你好比、好比说吧 |
| | | | 只能举例子的标记：就说、你就说、像、你像 |
| | | | 只能打比方的标记：好像、好像是 |
| | | 语义重释标记 | 以不同角度重释的标记：反过来、反过来说、换句话说、就是说、也就是说、这就是说、即、即是说、也即、这么说吧、跟您/你这么说吧、这么跟您/你说吧、这么说得了 |
| | | | 以不同方式重释的标记：具体说、具体地说、简单地说、简单说吧、简单地说吧 |
| | | 语义补充追加标记 | 还有、外带着、同样、同样的、再就是、再说、再说了、再说呢、再讲了、再者说、再者说了、再一个、加上、外加上、再加上 |
| | | 语义总结标记 | 概括式标记：长话短说吧、长话短说、归了包堆、一句话、用一句话来说、用一句话来概括、用一句话来形容、总而言之一句话、总之一句话 |
| | | | 总评式标记：可以说、可以这么说、可以这么说吧、可以这样说、总的来说、总的说来、总起来说、总的来讲、总的来看、总的看来、(从)总体上讲、(从)总体上看、(从)总体上说 |
| | | | 提要式标记：说来说去、说了半天、说白了 |
| | 时间顺序标记 | 时间标记 | 这回、这时、这时候、这下子、这下、这一下、一转眼、转眼间、正赶上 |
| | | 顺序标记 | 表示顺序开始的标记：一开始、开始、一上来、先是、首先 |
| | | | 表示顺序先后的标记：接下来、接着、紧接着、跟着、紧跟着、回身、转身、转头、回头、回来、后面、后边、下面、下边、往下、再往下、再往下去、下来、再下来、下一步、后是、其次、再有 |
| | | | 表示顺序末尾的标记：末了(儿)、到末了(儿)、末末了(儿) |

171

续　表

| 第一次分类 | 第二次分类 | 第三次分类 | 本书分析到的标记个案 |
| --- | --- | --- | --- |
| 言语行为语义连贯标记 | 语义填充标记 | 占位标记 | 嗯、呃、啊、怎么说、怎么说呢、怎么说啊、这、这个、那、那个、那什么、那啥 |
| | | 顺接标记 | 完了(le)、完后、完事(儿)、然后、然后呢、而且、所以、所以呀、所以嘛、所以说、所以呢、那么 |
| | 话题连贯标记 | 话题开始标记 | 讲起来、说到、说起、说起来、说起来了、那、那个、那什么、那啥、那个啥、对了、你比如说、像、总的来讲 |
| | | 话题结束标记 | 得、得了、得了吧、你得了、得啦、得嘞、好、好了、好啦、好吧、行了、行啦、那、一句话 |
| | | 话题转换标记 | 不说、且不说、先不说、哎呀、哎哟、对了、别提了、那、那么、还有、再有、行了、行啦 |
| | | 话题找回标记 | 扯远了、别扯远了、所以、所以呀、所以嘛、所以说、所以呢 |
| 言语行为动作连贯标记 | | 言谈起始标记 | 要说、要讲、要论、谈起、讲起、讲到、说起来、话说、这个、说几句、说几句话、说两句、对了、啊、嗯、而且、但是、但、不过、可是、可是呢 |
| | | 言谈持续标记 | 然后、那么、那、那个、这个、那什么、那啥、你比如、比如说吧、这么说吧、换句话说、就是说、进一步说、再说、再说了、再就是、还有、接下来、下面、首先、其次、再有、退一步说、为的是、是这样的 |
| | | 言谈结束标记 | 就这样吧、先这样、那先这样、先到这儿、先到这儿吧、那先到这儿吧、一句话、总的来说、好、好了、好吧、好啦、行、行了、行啦、回头再说、回头再说吧 |